URGENCES FRANÇAISES

La liste des précédents livres de
Jacques Attali se trouve p. 238.

Jacques Attali

Urgences françaises

Fayard

Couverture
Conception graphique : Atelier Didier Thimonier
Photographie de couverture : © Getty images

ISBN : 978-2-213-67815-3

« *Une révolution effrayante est très prochaine ; nous en sommes tout près, nous touchons incessamment à une crise violente. Les choses ne peuvent aller longtemps encore comme elles vont. Cela saute aux yeux. Tout est agio, finance, banque, escompte, emprunt, pari, virement... Toutes les têtes sont tournées vers l'argent, sont folles de ces sortes de spéculations. Vivons cependant, et faisons en sorte de ne pas être emportés par la débâcle future. Adieu, mes chers amis, ne vous effrayez pas trop de ma prédiction.* »

Extrait d'une lettre du libraire parisien
Nicolas Ruault adressée à son frère en 1787.

« *On dit qu'il n'y a point de péril parce qu'il n'y a pas d'émeute* [...], *je crois que nous nous endormons à l'heure qu'il est sur un volcan, j'en suis profondément convaincu* [...]. *Ce n'est pas le mécanisme des lois qui produit les grands événements, messieurs, c'est l'esprit même du gouvernement.* [...] *Pour Dieu, changez l'esprit du gouvernement, car, je vous le répète, cet esprit-là vous conduit à l'abîme.* »

Discours d'Alexis de Tocqueville
à la Chambre, le 29 janvier 1848.

Ce qui se joue aujourd'hui est une question de vie ou de mort. Pour la démocratie. Pour le pays.

La crise est là. Et peut-être pour longtemps. Elle est économique, sociale, culturelle et politique. La France peut encore s'en sortir. Elle peut tout autant décliner durablement. Il nous faut agir. Tous. Et très vite !

Ce manifeste est écrit en hommage à tous ceux qui prennent des risques pour que le pays emprunte le virage de la modernité, et pour qu'il conserve son rang, si privilégié, sa liberté, si précieuse, et son mode de vie, si rare, dans un monde de plus en plus impitoyablement compétitif.

Ce manifeste est écrit dans l'intérêt des plus jeunes : les générations antérieurement au pouvoir vont leur léguer, si tout continue ainsi, un pays financièrement ruiné et écologiquement massacré, tout en exigeant d'eux qu'ils travaillent de plus en plus pour payer les retraites de leurs aînés.

Ce manifeste s'adresse d'abord au président de la République, comme il s'adresse aussi à son prédécesseur et à son successeur. Le premier n'a pas encore échoué et doit faire preuve, pour réussir, d'une large vision, de beaucoup de courage, de détermination et d'audace. Le deuxième doit, s'il veut avoir une chance de réussir un jour un éventuel retour, tirer les leçons des lacunes et des échecs de son premier mandat. Les candidats de 2017 devront appuyer dès aujourd'hui, si elles sont décidées par l'actuelle majorité, les immenses réformes nécessaires.

Ce manifeste s'adresse ensuite aux « élites » politiques et sociales du pays (femmes et hommes politiques, syndicalistes ouvriers et patronaux, hauts fonctionnaires, responsables des si nombreuses institutions) ; beaucoup trop d'entre elles préfèrent conserver ce qu'elles ont plutôt que se risquer à préparer l'avenir ; et, depuis quinze ans au moins, elles ont cru pouvoir sauver leur propre train de vie en augmentant les dépenses publiques et en diminuant les impôts, au grand dam des générations futures.

Enfin, ce manifeste s'adresse à tous ceux, trop nombreux dans notre pays, qui s'arc-boutent sur leurs rentes, grandes et petites, et refusent de reconnaître que le statu quo n'est pas tenable, qu'il faut tout remettre en question pour défendre l'essentiel et trouver de nouvelles sources de progrès.

On peut les comprendre : la France est un pays béni des dieux, une exception climatique, une grande puissance agricole et touristique ; elle est la deuxième puissance maritime du monde ; le dernier pays au monde sur lequel le soleil ne se couche jamais ; elle est encore la cinquième puissance économique mondiale ; l'héritière d'une histoire culturelle dont la trace est visible dans chaque église, chaque château, chaque paysage. Elle a encore un des meilleurs systèmes de santé, d'éducation, de transports et de sécurité au monde. À ne considérer que ces aspects, tout semble aller pour le mieux, et on peut ne pas percevoir l'urgence de réformes majeures.

Toutefois, la France roule vers l'abîme, comme le montrent sa perte de compétitivité, la lourdeur de ses dettes, le départ de ses talents et, surtout, la dégradation de son estime d'elle-même.

Face à cela, elle n'agit ni ne réagit, sinon modestement et par à-coups. Elle se recroqueville, comme hébétée devant l'ampleur de la tâche. Et le monde, qui la regardait avec admiration, la jauge désormais avec ironie, stupeur et désolation.

L'Histoire l'a montré : quand un peuple se sent menacé de déclin, c'est que son déclin a déjà commencé. Il se ferme alors au monde, comme s'il pensait, en se barricadant contre l'influence de l'espace environnant, se prémunir contre celle du temps. Il n'y réussit naturellement pas et finit par confier son sort à des extrêmes, dans une dérive sans retour, qui le conduit à la misère, à la dictature, à la violence envers les siens, puis contre les autres ; dans une sorte d'inconsciente tentative de légitime défense de moribonds contre la vitalité des autres.

Si la France se sent ainsi menacée, c'est pourtant dans un monde où elle aurait toutes ses chances. Un monde en pleine créativité intellectuelle, scientifique, éthique, économique, sociale, artistique, géopolitique.

De fabuleuses mutations technologiques et idéologiques sont en cours ; le retour de la croissance est en marche dans bien des régions du monde ; certains pays sont déjà sortis d'affaire et gonflent leurs voiles pour profiter des formidables potentialités de l'avenir. S'amorcent d'amples basculements de pouvoirs et de richesses entre les régions du monde, entre les classes sociales, entre les métiers, entre les générations, entre les idéologies et les religions.

La France aurait tout aussi tort de croire qu'elle n'y a pas sa place que de penser qu'elle sera, sans efforts, emportée par le tsunami positif qui se profile. La compétition impitoyable à venir peut la porter au plus haut ou la faire s'effondrer.

Que faire ? Agir dès maintenant. Dans les douze prochains mois. Massivement. Sans prudence excessive. Trancher dans le vif des rentes. Avec le président au pouvoir et la majorité parlementaire actuelle, car on ne change pas de capitaine ni d'équipage au milieu de la tempête. L'un et l'autre ne se trouvent pas dans une position facile. Ils ont accédé au pouvoir sans avoir porté un diagnostic juste de l'état de la France, puis sans oser expliquer au pays la situation catastrophique dont ils avaient hérité, parce qu'ils leur auraient fallu reconnaître qu'elle était le résultat de trente ans d'immobilisme, celui de la droite et de la gauche confondues.

Il leur faudrait maintenant anticiper les secousses à venir, réagir vite, en profondeur, par des mesures nécessairement – et provisoirement – impopulaires. Et beaucoup plus massives qu'ils n'y sont préparés et qu'ils n'y ont préparé l'opinion.

Car il est impossible de réduire durablement la dette publique sans augmenter les impôts et/ou procéder à des économies budgétaires significatives. Et il est impossible de conduire le pays à travers des écueils innombrables sans dessiner un projet de société, juste et solidaire, agile et fraternel, qui ne peut que déplaire à tous les privilégiés.

Il faut agir vite : un chirurgien n'a pas à demander, à chaque phase de l'opération, son avis au malade qui s'en est remis à lui du soin de le guérir. Et s'il met trop de temps à opérer, il peut faire mourir son patient de douleur.

Pour avoir, à plusieurs moments de ces quarante dernières années (en fait, depuis la campagne présidentielle d'avril-mai 1974 que j'ai dirigée pour le compte du candidat de la gauche François Mitterrand), été associé, d'une façon ou d'une autre, à l'élaboration de beaucoup des plus grandes décisions déterminant le devenir de ce pays, je crois bien le connaître. Pour y avoir vu réussir de nombreuses réformes (menées avec audace, rapidité, lucidité et professionnalisme) et en échouer bien d'autres (par impréparation, pusillanimité, lenteur, orgueil, incompétence ou cynisme), j'estime de mon devoir de dire ici et maintenant l'urgence d'agir, sans attendre d'y être contraint par les événements. Et d'affirmer la certitude qu'il est encore possible de réussir.

La France ne doit plus bégayer ses réformes ; elle ne doit plus procrastiner. Elle doit oublier l'idée, trop souvent admise par ses dirigeants politiques, selon laquelle ce pays ne doit pas être bousculé, et que rien, jamais, ne doit être anticipé ; que, comme le disait le politicien Henri Queuille, « il n'est pas de problème qu'une absence de solution ne finisse par résoudre ».

Agir. Mais d'où ? Où sont les lieux de pouvoir en France ? Une des principales raisons du mal-être français tient justement à la très grande difficulté de désigner désormais les lieux où s'exerce vraiment le pouvoir d'influer sur l'avenir du pays. Fini, le temps où il résidait tout entier à l'Élysée et dans quelques ministères. Il se trouve aujourd'hui tout autant dans les entreprises, les collectivités territoriales, les universités, les ONG, les médias, qu'à Bruxelles et sur le marché mondial.

En particulier, le pouvoir n'appartient plus au seul président de la République. Malgré la tentative pathétique, unanimement décidée par la classe politique, de lui réinsuffler du pouvoir en réduisant son mandat à cinq ans, l'hôte de l'Élysée est infiniment moins puissant aujourd'hui que ne l'étaient ses prédécesseurs, au moins jusqu'aux premières années du premier mandat de François Mitterrand.

De fait, depuis trente ans, alors que le vent de la mondialisation souffle de plus en plus fort, la France va de cohabitation en cohabitation, sans s'adapter ni économiquement, ni socialement, ni politiquement, ni écologiquement, ni culturellement, ni géopolitiquement. Chaque majorité se contente de veiller à ne pas imposer à ses électeurs le poids des mutations du monde, en augmentant les dépenses publiques et en baissant les impôts.

Cette démagogie générale n'a pas empêché tous les gouvernants depuis 1981 de perdre les premiers scrutins nationaux suivant leur propre élection. Tous. Agir vite et maintenant. Se convaincre de l'utilité de le faire sans attendre, d'en finir avec l'action trop progressive, trop lente, trop prudente. Tous, et chacun à sa place. Au-delà des réformes précises à mettre en œuvre dans les douze prochains mois, dont je livrerai ici le détail, il s'agit d'abord d'une question de volonté : sommes-nous prêts à affronter le monde comme il est, en nous en donnant les moyens, avec le sourire de la confiance ?

Je suis certain de déplaire à beaucoup, à gauche comme à droite, en écrivant ce qui suit. Qu'on sache seulement que je ne poursuis ici aucun dessein personnel, sinon le souci d'être utile à mon pays, à qui je dois tant. Et d'aider les Français, et pas seulement les gouvernants, à prendre conscience de cette urgence, de leurs forces et de leurs lacunes, et à parcourir au plus vite un « chemin d'éveil » qui les conduira à l'action. Avant que d'autres forces, hélas bien plus sombres, ne leur imposent d'emprunter le même chemin au pas de l'oie.

Qu'on ne cherche pas à m'accoler ici une étiquette, politique ou autre.

Je suis certes de gauche : dans le contexte français actuel, cela veut encore dire quelque chose. Mais ce n'est pas le moteur qui m'anime ici : je ne m'intéresse qu'à la France et à ce qui doit pouvoir être accepté

par tous. Je ne m'interdirai pas de critiquer mes amis ;
car, si la situation est devenue aussi dangereuse, c'est
la faute de tous : gauche et droite ont laissé s'accumuler les problèmes et les gèrent aujourd'hui d'une façon
tout aussi insuffisante. La gauche, parce que, cette fois,
elle ne s'est pas préparée assez sérieusement à l'exercice du pouvoir ; la droite, parce qu'elle ne reconnaît
pas ses responsabilités dans la situation présente et ne
s'est pas davantage préparée à l'exercice de son rôle
d'opposition démocratique. Plus généralement, c'est la
faute de chacun de nous, quand nous rechignons au
changement et à la concurrence, quand nous favori-
sons nos rentes et quand nous laissons le pays se transformer en un rassemblement d'ayant-droits.

Je refuse tout autant une étiquette psychologique :
qu'on ne me traite pas de pessimiste parce que je
sonne le tocsin. Le pessimisme est la condition pré-
alable du réalisme. Et, par là, de l'optimisme. Dans
les périodes les plus noires de l'histoire, seuls
quelques pessimistes ont survécu. Ceux, dont je fais
partie, qui, dans les années récentes, ont annoncé
l'imminence de catastrophes écologiques, économiques ou financières, n'ont pas été démentis par
les faits, alors qu'ils auraient tant préféré avoir tort,
ou, à tout le moins, aider à créer les conditions de
leur propre erreur. Enfin, l'optimisme systématique
est une posture de nantis : les riches peuvent se permettre d'être inconditionnellement optimistes parce
qu'ils savent que de tous les maelströms, ils se tire-
ront mieux que les autres. Guizot, qui ne l'ignorait
pas, a écrit : « Le monde appartient aux optimistes ;
les pessimistes ne sont que des spectateurs. »

Être pessimiste ne veut cependant pas dire être résigné. Bien au contraire, cela veut dire être capable, une fois menée l'analyse des forces et des faiblesses, des promesses et des menaces, de les comprendre, de les prendre au sérieux, et d'agir. Je suis donc à la fois pessimiste dans mon diagnostic et optimiste dans ma conviction : l'action salvatrice est encore possible. Picabia avait raison d'écrire que « le pessimiste pense qu'un jour est entouré de deux nuits, alors que l'optimiste sait qu'une nuit est entourée de deux jours ».

Le texte qui suit est un appel à suivre un « chemin d'éveil » ; une incitation à remettre en cause les situations de rente ; une supplique en vue de penser à l'intérêt des générations à venir ; l'espoir d'une nouvelle nuit du 4-Août qui ébranlerait les tréfonds du pays.

Au premier rang de ceux qui devraient avoir ce courage de parler vrai et d'agir vite, il y a le président de la République. Il ne lui reste que quelques mois – un an tout au plus, à mon sens – pour prendre toutes les bonnes décisions, anticiper les douleurs futures, dire la vérité sur les facteurs d'immobilisme à bousculer, choisir ce qu'il veut faire vraiment de la France, de l'Europe, de la francophonie. Après, il sera trop tard : son mandat sera définitivement joué. Viendront en effet les élections municipales, puis les européennes, et on entrera dans le toboggan menant à la présidentielle. À moins qu'une crise financière ou politique, ou quelque autre traumatisme, ne vienne accélérer l'agonie d'un pouvoir qui serait alors aux abois. Il a donc des choix majeurs à faire au plus vite : entre un gouvernement social-démocrate ou à gauche toute, ou encore d'union nationale ; entre des réformes homéopathiques ou brutales, ou progressives ; entre une Europe floue, la sortie de l'Europe ou un projet fédéral. Il ne peut rester, comme l'ont fait ses prédécesseurs, trop longtemps au milieu du gué. Il en a la compétence, le talent et la hauteur de vue. À lui de décider. Seul.

Tous les autres Français (élus ou non) doivent eux aussi agir avec le même courage et à la même vitesse ; chacun doit prendre conscience de ses atouts et de ce qui les menace ; chacun doit réformer ce qui dépend de lui, avant d'y être contraint.

Encore faudrait-il que nous ayons tous, du président au plus humble citoyen, assez confiance en nous-mêmes pour comprendre que rien n'est perdu ; assez le sens du tragique pour penser que le pire est plausible ; assez de mémoire historique pour se souvenir que tout est précaire ; assez de sens de l'utopie pour savoir que le meilleur reste à conquérir ; assez de sens de l'urgence pour adopter, dans le cadre de la réforme démocratique, le tempo d'une révolution.

J'espère que l'Histoire ne retiendra pas de ce qui suit que, comme un Necker, un Turgot ou un Malesherbes à la veille de la Révolution, et comme tant d'autres dans des circonstances analogues, à la veille de temps troublés, je me serai exprimé ici en vain : il ne sert à rien d'avoir raison si cela n'aide pas à modifier le cours de l'Histoire.

CHAPITRE 1

Les promesses du monde

La situation et l'avenir de la France ne peuvent se comprendre et se juger qu'à l'aune de ceux de la planète entière. Or, le monde traverse actuellement une phase à la fois très dangereuse et pleine de promesses.

La planète est aujourd'hui peuplée de 7,1 milliards d'habitants. Y travaillent environ 3,3 milliards de gens, qui produisent chaque année plus de 70 000 milliards de dollars de richesses marchandes. Ils en épargnent 10 000 qui s'ajoutent au patrimoine financier de la planète, qu'on peut estimer aujourd'hui à 400 000 milliards de dollars, dont plus des trois quarts sont encore contrôlés par des Occidentaux.

Les actifs financiers mondiaux ont, en particulier, crû de 8 % chaque année de 1990 à 2007, passant de 12 000 milliards à 206 000 milliards de dollars. Dans le même temps, le ratio de « profondeur financière » (qui mesure la taille de ces actifs par rapport au PIB mondial) est passé de 120 % à 355 %, avant de revenir aujourd'hui à 300%.

Le monde est de plus en plus dominé par la concurrence et le jeu des échanges, et en particulier par ce qui se joue sur les mers où transite toujours 90 % du commerce mondial.

Plus de 2,5 milliards de personnes vivent au-dessous du seuil de pauvreté ; plus d'un milliard s'endorment chaque soir en ayant faim.

Chaque année, la planète produit et consomme, directement ou indirectement, 2,3 milliards de tonnes de céréales, 12 milliards de tonnes d'équivalent pétrole, (dont un tiers en pétrole, autant en charbon, un peu moins en gaz, 5 % en nucléaire, moins de 2 % en énergies renouvelables). En 2011, elle a déversé dans l'atmosphère 32 milliards de tonnes de CO_2, soit 50 % de plus qu'en 1991.

230 millions de personnes, soit 5 % des adultes de la planète, ont consommé des drogues illicites en 2010. Les plus répandues sont le cannabis (avec une prévalence comprise entre 2,6 et 5 %) et les stimulants de type amphétamine (0,3 à 1,2 %).

Selon l'indice démocratique établi par The Economist, plus de 25 pays (11 % de la population mondiale) sont considérés comme des « démocraties complètes », au premier rang desquels la Norvège, la Suède et l'Islande ; 54 comme des « démocraties imparfaites » (37 % de la population mondiale), parmi lesquels la France. 37 régimes sont des « systèmes hybrides » (15 % de la population mondiale). 51 régimes sont de type autoritaire (37 % de la population mondiale).

À la fin de l'année 2012, on recensait une trentaine de conflits armés et près de trente conflits non étatiques. Chaque minute, une personne dans le monde est tuée, et quinze sont blessées par une arme à feu – ce qui est beaucoup moins que par le passé. Huit millions d'armes à feu sont fabriquées chaque année ; plus de 875 millions circulent, dont plus de 100 millions de kalachnikovs. Par ailleurs, 4 400 armes nucléaires sont encore opérationnelles, dont 2 000 maintenues à un niveau d'alerte élevé. En 2012, la moitié de l'effort de défense mondial est supporté par les États-Unis et la Chine. La France et le Royaume-Uni sont à égalité, juste derrière une Russie en reconstruction.

Un avenir mondial plein de promesses

Le monde ne traverse pas une crise cyclique qui le ramènerait ensuite à son état antérieur. Comme toujours, il évolue dans une direction radicalement neuve, dont les grandes lignes, sauf accident violent, sont déjà écrites, tant démographiquement et technologiquement qu'idéologiquement.

Démographiquement : en 2030, le monde comptera 1,2 milliard d'habitants de plus qu'aujourd'hui, dont 500 millions en Afrique, la population de ce continent ayant alors augmenté de moitié. À la même date, près des deux tiers des humains résideront en ville ; plus d'un demi-milliard d'entre eux vivront dans un pays autre que celui où ils sont nés ; 1,3 million de personnes migreront chaque semaine vers les villes. Le monde sera moins jeune : l'espérance de vie de l'humanité aura augmenté de 4 ans ; les moins de 25 ans représenteront 38 % de la population mondiale, contre 45 % aujourd'hui ; les plus de 65 ans seront 11,7 %, contre 7,6 % aujourd'hui. L'âge médian de l'humanité aura augmenté de 5 ans par rapport à aujourd'hui ; il aura augmenté de 2,5 ans en Europe de l'Ouest, de 2 ans aux États-Unis, de 2,5 ans en Afrique sub-saharienne, de 7 ans au Japon, et de 8 ans en Chine.

Certains pays auront beaucoup décliné démographiquement, comme la Russie, le Japon et l'Allemagne. D'autres se seront beaucoup peuplés, comme l'Indonésie, le Mali, le Niger, la République démocratique du Congo, la Turquie, la Palestine, Israël, la France. L'Inde sera probablement le pays le plus peuplé du monde, et restera un pays jeune. La Chine atteindra son maximum de population en 2026 et comptera, en 2030, moins de personnes de moins de 60 ans qu'aujourd'hui, bien moins de personnes de 20 à 35 ans et deux fois plus de personnes de plus de 65 ans. La population du Japon aura décliné de 6 millions d'habitants, pour s'établir à 120 millions en 2030 ; 30 % de sa population aura plus de 65 ans, 12 % plus de 80 ans ; on y recensera plus d'octogénaires et de nonagénaires que d'enfants de moins de 15 ans. La population des États-Unis aura augmenté de 50 millions de personnes, soit de 17 % ; la part des plus de 65 ans y aura presque doublé. Dans l'Union européenne, la population aura légèrement augmenté, même si elle se sera réduite dans certains pays, comme l'Allemagne et l'Italie.

Technologiquement : des innovations considérables, plus nombreuses que jamais dans l'Histoire, issues des sciences fondamentales, aiguillonnées par une féroce concurrence, finiront par avoir un impact important sur la productivité, la croissance, l'organisation du travail, la politique, les modes de vie, les valeurs, l'esthétique, l'organisation politique. Elles apparaîtront dans les domaines de l'information (le *cloud computing*, le RFID – la radio-identification –, le Web sémantique, la production 3D à distance), des biotechnologies, des nanotechnologies, des neurosciences et des sciences cognitives. Les 10 milliards de machines aujourd'hui connectées seront au moins 50 milliards dans vingt ans. Les 3 milliards d'adresses mails seront au moins 10 milliards. Les applications de ces technologies à l'agriculture, à l'élevage, au transport, au logement, à l'énergie, à l'urbanisme, à la protection de l'environnement, à la santé, à l'éducation, au commerce, à la distraction, conduiront à un monde de plus en plus flexible et transparent. De ce fait, elles fourniront aussi de nouveaux moyens d'embrigadement, de surveillance et de marchandisation de l'humanité, et elles permettront de découvrir de nouvelles sources d'énergie, car on saura peut-être comment utiliser, sans risque environnemental, les 208 000 milliards de mètres cubes de gaz aujourd'hui exploitables à travers le monde.

Idéologiquement : les idéologies de la liberté individuelle et des droits de l'homme, de la démocratie et du marché, de l'entreprenariat et du droit à la richesse, seront de plus en plus prégnantes. La compétition, la concurrence, la liberté individuelle culmineront, bouleversant les mœurs, les nations, les loyautés. Elles détruiront les statuts les plus assurés, prolétariseront les professions les mieux gardées.

Elles rompront les idées les plus établies sur la nature humaine. D'autres valeurs (celles du fondamentalisme religieux, de l'altruisme, de l'écologisme, de la coopération, entre autres) viendront les concurrencer dans un contexte laïc ou religieux, totalitaire ou démocratique, et se combattront les unes les autres.

Au total, le PIB mondial aura au moins doublé, tout comme les ressources financières de la planète. Sauf à imaginer un terrible approfondissement de la crise actuelle, ce qui n'est pas à exclure, en particulier si des guerres viennent enrayer ce futur par trop prévisible.

Un monde plein de dangers

Malgré ces potentialités, le monde baigne en effet dans une triple crise qui menace profondément son avenir.

Une crise écologique : l'Occident a voulu maintenir un modèle de production gaspilleur d'énergie, sans s'attacher à le rendre plus compatible avec les contraintes de l'environnement, et parce que le reste du monde tient à tout prix à copier ce modèle. En 2030, la température de la planète aura augmenté en moyenne d'environ un degré, entraînant davantage de sécheresses, d'inondations, de désertification de terres agricoles et de hausse du niveau des mers. En 2030, plus de 4 milliards de personnes connaîtront un grave stress hydrique. Plusieurs centaines de millions auront dû déménager pour raisons écologiques. Une part importante de la biodiversité sera à jamais perdue, notamment dans les récifs coralliens et les forêts tropicales. À terme, 20 à 30 % des espèces vivant sur la planète seraient menacées. Ces changements, qui perturberont également la distribution des moustiques responsables de la propagation de maladies infectieuses comme le paludisme, toucheront en priorité les régions tropicales, subtropicales et polaires, c'est-à-dire les zones où vivent les populations les plus démunies. En Europe, les vagues de chaleur se feront plus fréquentes, les zones à climat méditerranéen subiront de plus en plus de sécheresses et d'incendies, les zones côtières seront menacées, les forêts reculeront et les glaciers se feront rares.

Une crise économique : l'Occident s'est obstiné à maintenir son modèle de production sans en avoir les ressources financières. Il a donc vécu à crédit tant dans la vie personnelle de chaque citoyen que dans la vie collective des nations : les dettes privées sont devenues une mesure de la volonté d'échapper aux contraintes de la rareté pour les biens privés ; et les dettes publiques une mesure de la même illusion pour les biens publics. En 2007, l'excès de la dette privée aux États-Unis (et son transfert, par le biais de la finance, à tout le système financier mondial) a conduit tous les pays développés, pour survivre au chaos prévisible, à transférer les dettes privées sur les dettes publiques, sans régler aucun problème de fond, en particulier celui des banques, dans le vain espoir que le retour de la croissance suffirait à rétablir la situation. La dette publique mondiale représente désormais 64 % du PIB mondial ; celles des pays de l'OCDE atteignent 110 % du PIB ; celle des États-

Unis se monte à 106,5 % de leur PIB ; celle du Japon à 238 % du sien ; celle de la zone euro à 92,8 %. Pour financer ces dettes publiques et privées, le bilan de toutes les banques centrales a triplé. Malgré cela, la croissance mondiale ne redémarre pas et le chômage atteint des niveaux record. Cette crise peut encore s'aggraver aux États-Unis, en Europe et au Japon, entraînant le monde entier dans une vaste dépression.

Enfin, *une crise idéologique et politique* qui explique les deux autres : la victoire conjuguée de la démocratie et du marché, instruments du désir dominant de liberté individuelle, entraîne les dérèglements qui précèdent. D'une part, la démocratie étant locale et le marché mondial, aucun État de droit planétaire ne vient réguler le marché, maîtriser les productions polluantes ou les systèmes financiers producteurs de dettes, si ce n'est par des réunions illusoires d'institutions dépourvues de moyens (le Conseil de sécurité, le FMI, le G20 ou le G8), par quelques mécanismes de coordination (OMC ou Interpol), voire par quelques règlements autoproclamés par les diverses corporations qui dominent les grands métiers de l'assurance et de la distraction. Ce marché globalisé sans globalisation de la règle de droit peut engendrer une aggravation de la crise de l'économie légale et rendre possible l'épanouissement de l'économie illégale et criminelle, de la fraude fiscale et des mafias.

D'autre part, le triomphe de l'individualisme conduit à celui de la réversibilité, de la précarité, du court terme et de la déloyauté, qui incitent à négliger les intérêts des générations à venir, en particulier à détruire l'environnement et à augmenter les dettes.

Les dirigeants politiques et les chefs d'entreprise se trouvent dès lors condamnés à privilégier l'urgence au détriment de l'intérêt à moyen et long termes des personnes, des entreprises, des nations et de l'humanité tout entière. Ces deux tendances se renforcent l'une l'autre : plus l'homme verse dans l'individualisme, moins il est enclin à prendre en compte l'intérêt des autres, présents et futurs ; et plus il oriente ses productions vers les biens convoités par des consommateurs individualistes, indifférents aux besoins réels des simples citoyens et du monde du travail. D'où la destruction à venir des rentes par l'action de systèmes ouverts, tel Internet. D'où la dégradation encore à venir de l'emploi, l'accumulation des dettes, le dérèglement du climat, l'aggravation des inégalités. Cela peut provoquer en réaction une propagation rapide d'idéologies privilégiant le temps long et l'altruisme, dans un contexte démocratique ou totalitaire, laïque ou religieux. D'où la montée, sous mille formes, des idéologies fondamentalistes, globales et rassurantes, dont le terrorisme n'est qu'une des formes d'expression. Trente ans de crises et de totalitarisme, dans une vaste partie du monde, ne sont pas à exclure.

De nouveaux rapports de force entre nations

Les recettes qui ont assuré le succès de l'Occident seront, à l'avenir, celles du succès d'autres régions du monde. D'abord en raison d'un facteur singulier : la mer. De tout temps, les régions maritimes évoluent plus vite vers le libéralisme politique et économique que les nations continentales ; elles sont plus ouvertes au changement, à la démocratie, au progrès social ; ceux qui innovent y sont davantage glorifiés ; les étrangers mieux accueillis ; le niveau de vie moyen y augmente beaucoup plus vite qu'ailleurs.

Dans trente ans, quoi qu'il advienne et sauf catastrophe planétaire, l'Occident ne sera plus la seule et unique très grande puissance au monde, même si ses valeurs auront largement assis leur hégémonie sur la planète en imposant une même approche des critères de modernité (la raison, la liberté individuelle, les droits de l'homme, le marché, la démocratie, mais aussi l'individualisme et la marchandisation des relations humaines). La globalisation sera avant tout une occidentalisation. D'autres puissances, étatiques et non étatiques, pour l'essentiel maritimes, auront surgi en Asie, en Amérique latine et en Afrique.

Si le poids relatif des États-Unis et du Japon dans l'économie mondiale ne peut que décliner au profit des puissances émergentes, l'un et l'autre demeureront de très grandes puissances.

Les États-Unis, dont les dettes sont aujourd'hui hors de contrôle et financées pour près de la moitié par la Chine et le Japon, seront peut-être pour un temps financés sans trop de difficultés par leur banque centrale, qui se substitue à un exécutif et un législatif incapables de s'entendre sur une politique cohérente. Puis, après de nouvelles secousses profondes, les dettes publiques et privées seront absorbées par l'inflation et par un retour de la croissance provoqué par le jeu du progrès technique dans tous les secteurs de pointe et par de nouvelles sources d'énergie domestique, en particulier de gaz non conventionnel, qui représentera bientôt 70 % de leur production de gaz naturel et leur permettra de devenir exportateurs nets de gaz dès 2020.

Le Japon, malgré une dette publique hors de contrôle (mais financée par les épargnants japonais) et une population en déclin (elle passera de 126 millions d'habitants aujourd'hui à 108 millions en 2050, et son âge médian atteindra 52 ans), demeurera une très grande puissance, car il maîtrise déjà les technologies les plus importantes de l'avenir, dont la robotique et celles des communications. À moins qu'un tremblement de terre, achevant, par exemple, de détruire la centrale de Fukushima, ne mette le pays à terre pour longtemps.

Les grands pays émergents seront à la fois des marchés, des lieux de production et des sites de recherche ; 95 % de la nouvelle force de travail viendra du Sud. Les STEM (sciences, technologie, engineering, maths) y seront surtout enseignées et en progrès. La Chine, l'Inde, le Brésil, le Mexique, l'Indonésie, le Nigéria occuperont une place nouvelle et considérable sur le plan économique aussi bien que politique. Ils concurrenceront l'Occident, même dans les domaines de pointe, avec des travailleurs très bien formés.

La Chine, en particulier (son PIB dépassera celui des États-Unis en 2017) sera une très grande puissance. Son armée compte déjà 2,3 millions de soldats, 500 missiles de croisière, des groupes aéronavals modernes. Vers 2020, elle aura le premier budget militaire au monde et possédera à moyen terme une

armée capable de faire obstacle aux ambitions américaines dans le Pacifique. Elle émettra deux fois plus
de gaz à effet de serre que les États-Unis, chiffre qui
pourrait se réduire si elle parvient à remplacer le
charbon, qu'elle sur-utilise, par ses énormes réserves
de gaz non conventionnel. Mais elle n'aura ni les
moyens, ni le goût de prétendre à une hégémonie
planétaire et limitera son influence à ce qui lui permettra d'assurer son approvisionnement en matières
premières et en produits agricoles.

Une Union européenne en crise

Dans cet univers plein de vitalité, l'Europe semble
condamnée à survivre de plus en plus péniblement.
Victime collatérale de la crise de l'endettement
déclenchée en 2007 aux États-Unis, elle n'a pas su
trouver de solution ni politique, ni économique
autre que l'augmentation de ses dettes publiques,
en attendant une croissance mondiale hypothétique
dont elle ne se prépare guère à bénéficier.

Plus de 27 millions d'Européens sont au chômage, dont 14 millions de jeunes de 15 à 29 ans, soit
15 % de la population de cet âge à la recherche d'un
emploi. Le ratio dette/PIB de la zone euro est de
92,8 % en 2012 ; il est de 158,5 % en Grèce, de
127 % en Italie, de 123,6 % au Portugal, de 90,3 %
en France, de 82 % en Allemagne. Le FMI prévoit
une récession de la zone euro en 2013 et un très
faible retour à la croissance en 2014. La concurrence
des pays voisins et lointains annonce une érosion –

si ce n'est, dans la prochaine décennie, un effondrement – du niveau de vie en Europe : à l'avenir, un
Européen de l'Ouest, pas mieux formé qu'un Chinois
ou même qu'un Roumain, pourrait n'être pas mieux
rémunéré qu'eux, comme le sont déjà aujourd'hui
certains Allemands, dont le salaire n'est plus que de
4 euros de l'heure.

Enfin, la gouvernance de l'Union européenne peut
rester longtemps encore erratique, avec une Commission bureaucratiquement toute-puissante, mais
sans réel pouvoir, un parlement européen impuissant et une zone euro faible et désunie, ne comp-
tant pour sa survie que sur l'indulgence de la banque
centrale. Celle-ci, en intervenant massivement en
décembre 2011, a sauvé l'euro, en donnant aux politiques le temps pour mettre en place les institutions
nécessaires qu'ils n'ont toujours pas osé créer. Pour
autant, depuis le début de l'année 2013, les marchés,
privilégiant la croissance, laissent les déficits croître
sans peser sur les taux d'intérêt. Les dettes augmentent. Les banques se fragilisent. Nul n'ose franchir le
saut fédéral ni remettre en cause l'existence de l'euro.

Pour autant, la situation actuelle de l'Union européenne n'est pas moins enviable et prometteuse que
celle des États-Unis : l'Europe des 27 compte près de
504 millions d'habitants (contre 317 aux États-Unis),
avec une espérance de vie de 79,8 ans, supérieure
d'un an à celle des États-Unis. Elle représente 23 %
du PIB mondial, soit autant que les États-Unis. Son
industrie automobile produit autant de véhicules que
l'ensemble de l'Alena (Canada, Mexique, États-Unis),
soit 19 % de la production mondiale. Le taux de

chômage aux États-Unis à la fin 2012 était de 11 %, alors qu'il était de 10,7 % dans l'Europe des 27 et de 11,8 % dans la zone euro. La balance des paiements américaine était en déficit de 475 milliards de dollars (-3 % du PIB) en 2012, alors qu'elle était positive de 221 milliards de dollars (1,8 % du PIB) dans la zone euro. Le coefficient de Gini, qui mesure l'intensité des inégalités, n'est que de 30 en Europe, contre 45 aux États-Unis. L'Europe connaît aussi une rare vitalité culturelle et sportive : elle a produit près de 1500 films en 2009, contre 694 aux États-Unis ; elle a décroché 305 médailles aux Jeux olympiques de Londres, où le seul nombre de ses médailles d'or (92) égalait presque le nombre total des médailles obtenues par les États-Unis (104). Et elle pourrait encore, si elle se donnait les moyens de conduire une politique fédérale de croissance et les outils de la souveraineté, devenir la première puissance économique et politique du monde. Sinon son déclin, au moins relatif et déjà engagé, sera irréversible.

Le pire est possible

Le monde hésite ainsi entre une forte croissance, promise par les progrès à venir des moyens de production et une régression générale, économique et politique. Si ce repli a lieu, le monde entrera dans une formidable dépression qui prendrait à revers toutes les promesses du moment. Les pays émergents ne pourront résister à un effondrement des pays du Nord, ni leur servir de relais de croissance.

Le risque est alors d'aller vers une grande crispation mondiale, avec de terribles conséquences pour la démocratie et la paix. Le monde a déjà connu une telle période d'incertitudes. En 1913. Cette année-là, le commerce international atteignait son apogée ; de formidables progrès techniques en matière d'énergie et de communication (électricité, automobile, avion, téléphone, gramophone, sous-marin) annonçaient des lendemains qui chantent ; un grand nombre de mouvements favorables à la démocratie se faisaient jour en Amérique latine, en Afrique, en Russie et en Asie. Mais la formidable période de croissance, amorcée vingt ans plus tôt, achoppait, comme aujourd'hui, sur une crise financière provoquée par le déclin de la première puissance économique du moment, la Grande-Bretagne. Le monde hésitait alors entre davantage de mondialisation, déjà bien engagée, et un retour au protectionnisme, amorcé dès 1907. Commençaient aussi à sévir des mouvements terroristes (qu'on nommait « nihilistes »), pendant que des idéologies totalitaires dénigraient l'économie de marché et la démocratie. Pourtant, cette année-là, 1913, personne ou presque ne connaissait le nom de Lénine, qui allait prendre le pouvoir en Russie quatre ans plus tard. Encore moins celui de Mussolini, qui allait marcher sur Rome sept ans plus tard, ni celui de Hitler, qui tenterait son premier coup d'État dix ans plus tard. Nul n'imaginait non plus qu'un attentat terroriste parmi d'autres allait déclencher, par le jeu des alliances, une Première Guerre mondiale à laquelle allait succéder une grande crise économique, puis une

Seconde Guerre mondiale. Ni que le régime sovié-
tique, né de la Première Guerre mondiale, ne s'effon-
drerait que soixante-quinze ans plus tard.

Aujourd'hui s'expriment les mêmes forces de progrès et de liberté ; les mêmes grondements se font
entendre ; les mêmes mouvements destructeurs se
manifestent ; on assiste à la même incapacité de la
démocratie et du marché à tenir leurs promesses ;
germent les mêmes idéologies suicidaires ; les
mêmes tentations d'en sortir par le protectionnisme,
la violence et la guerre.

Un arc de violence fait le tour du monde : une
guerre au Mali, des conflits en Libye (qui a libéré
un puissant armement classique), un conflit entre
Israël et la Palestine, une guerre civile en Syrie (qui
risque de rendre disponibles d'effrayantes armes
chimiques et bactériologiques), des tensions entre
Israël et l'Iran, une guerre en Afghanistan, une tension permanente entre l'Inde et le Pakistan, entre la
Chine, la Corée du Nord et le Japon (pouvant impli-
quer son allié américain), pour redescendre au
Mexique, au Brésil et, par le biais des cartels de la
drogue, rejoindre la Guinée équatoriale et le Mali.

Et chacun de s'armer de plus belle : la Chine a
décidé cette année d'augmenter de 10 % son budget
militaire. La Russie se lance dans une vaste restauration
de son potentiel de défense, en accroissant son budget
de plus de 20 %. Les États-Unis prévoient certes une
baisse de 8 %, dans la continuité de l'« accord sur la
dette », mais cela n'affectera en rien leur suprématie,
que renforcent les terrifiants progrès des armes nouvelles. L'Allemagne a augmenté son budget de 3 %

l'année dernière et devrait poursuivre dans cette voie. Le Royaume-Uni devrait légèrement rester, en pourcentage du PIB, au-dessus de la France, laquelle devrait maintenir le même effort pour 2013-14.

Tout est donc en place pour que menace sérieusement une Troisième Guerre mondiale. Reste à savoir où pourrait avoir lieu l'équivalent de l'incident de Sarajevo qui mit le feu aux poudres et déboucha sur août 14 : sans doute sur les îles disputées entre la Chine et le Japon.

Alors si tout ressemble au début du siècle passé, si on laisse les économies se fermer, les disputes dégénérer en conflits, le monde entrera une fois de plus dans un terrible hiver, dont il n'émergera, comme il y a un siècle, que soixante-quinze ans plus tard, soit en 2089. Et si cette apocalypse fait la même proportion de victimes par rapport à la population totale que la précedente, elle sera responsable de plus de 200 millions de morts.

Rien n'est perdu pour personne

Pour éviter pareille issue, il faudrait idéalement que ce qu'on nomme la « communauté internationale » se dote des moyens de combattre les diverses formes de protectionnisme, de dérèglement des marchés, de délinquance financière, de terrorisme et d'économie criminelle, en même temps que des moyens d'arbitrage, dont elle dispose déjà en théorie aux termes de la charte des Nations unies, pour régler les différends entre nations. Il faudrait aussi que le G20 fusionne avec le Conseil de sécurité et se dote de moyens financiers, réglementaires et policiers beaucoup plus crédibles. Cela n'aura vraisemblablement pas lieu.

Dans ce contexte complexe, où tant de facteurs peuvent infléchir le cours de l'Histoire, chaque nation, en particulier la France, pourra tirer son épingle du jeu ; à condition de penser les évolutions du monde et de s'y préparer ; d'accueillir la nouveauté tout en protégeant les faibles ; d'anticiper et d'oser.

Bien des pays du Sud ont déjà entamé cette évolution ; certains pays du Nord s'y sont eux aussi engagés : le Canada, la Suède, la Nouvelle-Zélande et même, à leur façon, les États-Unis. D'autres, comme l'Allemagne, pensent l'avoir fait, mais se précipitent en réalité vers un avenir catastrophique pour des raisons principalement démographiques.

La France, elle, n'a toujours rien décidé ; elle reste embourbée entre des avenirs contradictoires : prise entre la tentation d'un repli derrière ses frontières géographiques et idéologiques, et l'aventure fédérale européenne ; entre la conservation des rentes et l'audace des réformes ; entre la terre et la mer ; entre la procrastination et le vertige de choix difficiles. Elle court inéluctablement, elle aussi, à la catastrophe.

Si elle n'agit pas au plus vite et massivement, l'Histoire, pour elle, est écrite d'avance : dans les pays où le pouvoir appartient aux marchands et aux marins, on réforme pour prospérer ; dans ceux, comme la France, où le pouvoir est entre les mains des propriétaires fonciers et des rentiers, on fait la révolution, pour mieux décliner.

CHAPITRE 2

La France, terre de promesses

Créée en tant que nation il y a environ quinze siècles, la France est aujourd'hui encore un pays très riche, paisible, envié par la planète entière, prometteur. Aucun pays au monde ne dispose d'autant de ressources agricoles et maritimes ; aucun n'a disposé, comme elle, d'un État stable depuis plus de mille ans ; aucun n'a subi comparativement aussi peu de destructions massives par des guerres ou des catastrophes naturelles, depuis au moins six siècles. Elle aurait donc tous les moyens de figurer, aujourd'hui et demain, au faîte de sa gloire, sur le podium du monde.

Une place géostratégique unique

Tout commence, je l'ai dit plus haut, par la géographie, et la France occupe une position géostratégique unique. Placée au bout de l'Europe, au niveau du 45e parallèle nord, à égale distance de l'équateur et du pôle Nord, la métropole bénéficie des influences du Gulf Stream, qui vient réchauffer sa façade atlantique, et des courants d'air chaud venus du Sud. Malgré quelques irrégularités, son climat lui épargne les catastrophes – sécheresses, ouragans, cyclones, inondations – que peuvent connaître bien d'autres pays en 2012 : ces désastres ont globalement coûté 71 milliards de dollars, dont seulement 53 millions en France, et ont fait près de 9 000 victimes, dont une seule en France.

Tourné à la fois vers l'Atlantique et la Méditerranée, l'océan Indien et le Pacifique, le littoral français est, avec 5 500 kilomètres de côtes, parmi les plus importants d'Europe. Avec 11 millions de kilomètres carrés de zone économique exclusive, la France est même la deuxième puissance maritime mondiale après les États-Unis (11,4 millions de kilomètres carrés). La pêche maritime représente un milliard d'euros de chiffre d'affaires, et 93 000 emplois. Les multiples ports naturels ou de plaisance, les baies, estuaires et rades sont autant d'atouts géostratégiques.

La France d'outre-mer dans son ensemble – départements, territoires, districts administratifs et domaines privés de l'État en outre-mer – occupe une superficie de 560 173 km² (qui s'ajoutent aux 552 000 km² de la France métropolitaine). Habitées ou inhabitées, ces terres présentent un intérêt majeur humain, stratégique, scientifique, économique et militaire. C'est, par exemple, le cas de la Guyane, plus grand département français, dont la position géographique proche de l'équateur facilite le lancement des fusées du programme spatial européen, et potentiellement très grand producteur d'or.

C'est aussi le cas de la Nouvelle-Calédonie, l'un des principaux producteurs mondiaux de nickel. La France est aussi, par ce qui lui reste de son histoire coloniale, la dernière puissance du monde sur laquelle le soleil ne se couche jamais. Enfin, la métropole se situe sur un fuseau horaire qui la désigne entre toutes pour être le siège des grandes entreprises et des institutions internationales, puisqu'elle est, avec ses proches voisins, un des très rares pays au monde situé à moins de dix heures de vol de tous les autres (Australie non comprise), et d'où il est possible, vers 15 heures, de tenir des conversations vidéo ou téléphoniques avec la planète entière à des heures ouvrables pour tous.

Des institutions fortes

Les institutions françaises comptent parmi les plus solides au monde. Même si elles doivent encore être réformées, comme on le verra plus loin, elles assurent au pays une stabilité politique que lui envient nombre de ses voisins. Le mode de désignation de l'exécutif et du législatif y assure des majorités parlementaires stables sur de longues périodes, et un exécutif solidement structuré autour du président de la République, lointain héritier des prérogatives du roi de France.

Son administration, d'excellente qualité — pour l'instant plutôt à l'abri de la corruption massive — lui permet de disposer d'un État fort, capable de faire respecter les règles de droit, et d'un système cadastral et comptable fiable, qui confère une valeur certaine à son droit de propriété et à ses statistiques.

Une armée crédible

L'armée française est encore la quatrième au monde. Elle possède 290 têtes nucléaires actives, 4 sous-marins nucléaires lanceurs d'engins, 223 avions de combat, 1 porte-avions, 18 autres bâtiments de guerre et 254 chars de combat Leclerc, auxquels il faut notamment ajouter plus de 700 autres blindés. Elle dispose d'un arsenal comparable à celui du Royaume-Uni (qui va acquérir sous peu un porte-avions de remplacement), même si l'avantage terrestre revient plutôt à la France, tandis que l'aéromaritime échoit au Royaume-Uni.

La fonction de « prévention » est servie par de nombreux pré-positionnements outre-mer qui assurent l'allonge, la réactivité et l'entraînement des forces expéditionnaires. La fonction d'« intervention » demeure compétitive grâce à la capacité d'« entrée en premier » et à la puissance aérienne, confirmée récemment par les opérations en Libye et au Mali.

Une démographie équilibrée

La France est l'un des rares pays développés dont la population augmente et augmentera au moins encore pour un temps.

La fécondité (qui avait diminué il y a vingt ans, jusqu'à tomber à 1,6 enfant par femme) est revenue à un niveau proche de 2, contre seulement 1,4 en Allemagne, en Espagne, en Italie et au Japon. La mortalité infantile (avant un an), qui était encore de 52 pour 1000 en 1950, est tombée à 3,4 pour 1000 en 2011, contre 6 aux États-Unis. La France connaît une des meilleures espérances de vie au monde (75 ans pour les hommes et 88 ans pour les femmes). L'espérance de vie des hommes âgés de 65 ans est passée de 10 ans en 1800 à 12 ans en 1974 et 16,5 ans en 2000. L'espérance de vie à la naissance augmente de 3 mois par an pour les hommes et de 2 mois pour les femmes, et de 4 mois par an de vie en bonne santé.

En conséquence, la population française a crû de 10 millions d'habitants entre 1981 et 2011, contre seulement 3 millions en Allemagne, 4 millions en Italie et 6 millions au Royaume-Uni. En 2010, la France comptait 62,8 millions d'habitants. En 2040, elle en comptera 70,7, contre 77 en Allemagne (qui en a 82 aujourd'hui), et à partir de 2060, on y recensera plus d'habitants qu'en Allemagne (74 millions, contre 72,4 millions). Plus encore, la diversité d'origine et l'exceptionnelle capacité d'intégration dont font preuve les minorités en France depuis des siècles constituent un grand atout pour l'avenir.

La place des femmes s'améliore

La place des femmes dans la société s'est considérablement améliorée : leur part dans la population active est passée de 34 % en 1968 à 47 % en 2008. Désormais, contrairement aux idées reçues, les femmes sont plus nombreuses que les hommes à mener des études supérieures. En 2009, les femmes ont obtenu 57 % des bacs généraux, 52 % des bacs technologiques, 59 % des licences, 57 % des masters et 45 % des doctorats. Seuls 37 % des garçons ayant terminé leurs études au cours des six dernières années sont diplômés de l'enseignement supérieur, contre 51 % des filles.

Tout est encore loin d'être parfait : le taux d'activité des femmes de 25-49 ans reste inférieur à celui des hommes (84 % contre 94 %) ; leur salaire moyen est encore inférieur à celui des hommes : l'écart de rémunération (calculé à partir du salaire horaire) entre hommes et femmes était de 16 % en France, de 16,4 % pour l'Europe des 27, de 19,5 % au Royaume-Uni et de 23,1 % en Allemagne.

Pis encore, les femmes ne représentent que 26,9 % des députés en 2012, même si ce chiffre, encore très faible, constitue un grand progrès par rapport aux 2,3 % de 1968, 7,3 % de 1981 et 18,5 % de 2007.

Une sécurité en voie d'amélioration

Bien que le nombre de petits incidents ait beaucoup augmenté, la sécurité des personnes et des biens en France semble s'être notablement améliorée. Les enquêtes laissent même entrevoir une diminution de la fraction des Français qui se déclarent victimes d'atteintes tant aux personnes qu'aux biens.

On relève aujourd'hui deux fois moins d'homicides (environ 680 contre 1 100) qu'il y a dix ans, et moins d'atteintes aux biens (-15,3 % entre 2006 et 2011), même si les atteintes aux personnes (cambriolages, braquages de distributeurs automatiques, petits larcins) augmentent et si ont été enregistrés en 2011 468 012 atteintes volontaires à l'intégrité physique des individus.

Enfin, la sécurité routière s'est beaucoup améliorée : entre 1985 et 2011, le nombre d'accidents de la route entraînant mort ou blessures est passé de 191 096 à 65 024. Sur la même période, le nombre de morts sur la route a chuté de 10 447 à 3 963, soit un ratio de 61 tués par accident de la route pour un million de personnes, ce qui correspond désormais à la moyenne des pays de l'Union européenne (97 en Grèce, 77 en Belgique, 70 au Luxembourg, 65 en Italie et 62 en Autriche).

Des infrastructures de très haut niveau

La qualité des infrastructures de la France est aujourd'hui unique au monde.

Les crèches, d'abord : la France affiche un taux de couverture théorique de 49,9 places de crèche pour 100 enfants de moins de trois ans en 2010, taux bien supérieur aux 25 % suggérés par l'Unicef pour les pays développés ; 43 % des enfants de moins de trois ans fréquentent un service d'accueil à temps plein (la moyenne dans les pays de l'OCDE n'est que de 30 %) ; 37 % des enfants dont les deux parents travaillent à temps plein sont accueillis par les 440 600 assistantes maternelles agréées. La France occupe aussi la première place mondiale pour la scolarisation des enfants de 4 à 6 ans.

Les hôpitaux, ensuite : le système de santé français a été classé numéro un par l'OMS en l'an 2000. 98 % des enfants sont vaccinés contre la diphtérie, le tétanos, la coqueluche et la poliomyélite, et 89 % contre la rougeole, les oreillons et la rubéole ; les taux de couverture du dépistage des cancers du sein et du col de l'utérus figurent parmi les plus élevés de l'Union européenne. Seulement 1,5 % des hommes et 2,3 % des femmes (contre 2,5 % et 3,5 % respectivement dans l'UE) ont des besoins médicaux non satisfaits. La France est enfin un des pays au monde où la prise en charge des dépenses de santé par les fonds publics est la plus importante et où le « reste à charge » des ménages, quel que soit leur niveau de revenus, est le plus faible.

Le réseau ferroviaire compte au total 30 000 kilomètres ; le réseau TGV (2 036 kilomètres) est le deuxième plus grand réseau d'Europe et le quatrième au monde ; il relie la France aux grandes capitales européennes. 2 000 kilomètres de lignes nouvelles sont prévues pour 2020, puis 2 500 kilomètres supplémentaires par la suite.

Le réseau autoroutier est dense (11 000 kilomètres), et il existe 78 *aéroports* à partir desquels sont effectués plus de 15 000 mouvements d'avions par an.

Les *infrastructures portuaires* françaises comptent aussi potentiellement parmi les meilleures d'Europe. Marseille et Le Havre sont classés 4e et 6e plus grands ports d'Europe en termes de tonnage de marchandises traitées. Ils figurent toutefois très loin derrière le premier, Rotterdam.

Un environnement relativement protégé

En France, les émissions de CO_2 atteignent 5,52 tonnes par habitant en 2010, soit un ratio particulièrement faible pour une économie avancée (en Allemagne, elles se montent à 9,32 tonnes par habitant). La France bénéficie par ailleurs d'un coût de production de l'électricité très bas. Elle est également le premier producteur européen d'énergies renouvelables devant la Suède et l'Allemagne, avec plus de 15 % du total de la production européenne ; elle se classe au huitième rang mondial pour la part de l'hydroélectricité en 2010. Elle dispose d'importantes ressources hydroélectriques, d'une des premières forêts d'Europe, bien gérée, et d'un excellent gisement éolien de par son littoral atlantique. Elle bénéficie d'une technique reconnue en matière d'énergie solaire photovoltaïque ou thermique, mais aussi dans l'éolien et les nouvelles énergies maritimes, un secteur dans lequel la France serait déjà leader mondial.

Selon les statistiques de l'Agence internationale de l'énergie, en 2010, la France se classe au deuxième rang mondial en termes d'exportation d'électricité (31 Twh, soit 13,2 % du total mondial), au huitième rang mondial pour la production d'électricité (564 Twh, soit 2,6 % du total mondial ; les États-

Unis occupent la première place avec 4354 Twh, soit 20,3 % du total mondial).

La France est aussi leader mondial pour la part du nucléaire dans la production d'électricité et au deuxième rang mondial pour la production d'électricité nucléaire (429 Twh, soit 15,6 % du total mondial – les États-Unis sont loin devant, au premier rang, avec 839 Twh).

Enfin, la France dispose de *ressources naturelles* considérables. Elle posséderait en particulier en réserve 5,5 milliards de mètres cubes de gaz naturel et 5 000 milliards de mètres cubes de gaz non conventionnel exploitables.

Des talents innombrables

La France dispose d'une des mains-d'œuvre les mieux formées au monde : 43,4 % de la population française âgée de 30 à 34 ans a fait des études supérieures, contre seulement 34,6 % en moyenne au sein l'Union européenne. Elle se situe au cinquième rang européen (43 %) pour la part des jeunes âgés de 25 à 34 ans titulaires d'un diplôme de l'enseignement supérieur, loin devant l'Allemagne (26 %). D'après les statistiques 2009 d'Eurostat, la France avait, parmi les Européens de moins de 29 ans, le taux le plus élevé de diplômés d'un cycle d'études supérieures en sciences et technologies (20,2 pour mille en France contre 17,5 au Royaume-Uni, et 13,5 en Allemagne).

Par ailleurs, trois écoles de commerce françaises sont présentes dans le « Top 10 » du classement européen des *business schools* du *Financial Times*, dont la deuxième du classement, HEC-Paris. Selon un classement des Mines ParisTech, parmi les 392 établissements ayant contribué à former les dirigeants du classement Fortune Global 500, on retrouve 25 établissements français d'enseignement supérieur ; la France y est le troisième pays le mieux représenté, derrière les États-Unis et le Japon. Deux universités françaises sont présentes dans le « Top 10 » du classement mondial en mathématiques de l'université de Shanghai.

La France attire aussi des talents du monde entier : 31,56 % des étudiants en doctorat viennent de pays extérieurs à l'Union européenne, alors que ce pourcentage est de 20 % en moyenne au sein de l'Union.

La dépense publique de recherche et développement représente 0,8 % du PIB, soit un niveau comparable à la moyenne de l'Union (0,75 %). Le Centre national de recherche scientifique (CNRS) est classé deuxième mondial en nombre de publications par la revue scientifique *Nature*. La France recense 56 prix Nobel (quatrième pays au monde) et se classe deuxième en Europe en quantité de brevets déposés en 2011. Dans le domaine des mathématiques, elle occupe la deuxième place mondiale pour l'obtention des médailles Fields, avec 11 médailles récoltées. Six des cent meilleurs économistes mondiaux sont français, selon une étude de Benoît Jubin et Pascal Lignières. Selon l'Office européen des brevets, en 2012, la France se place à la deuxième place des pays de l'Union européenne et au sixième rang mondial des pays les plus innovants en termes de nombre de brevets déposés, devant la Suisse et le Royaume-Uni. Et l'excellente fiscalité des brevets permet de les garder en France. En 2011, Thomson Reuters a encore classé la France troisième dans le palmarès des pays les plus innovants, après les États-Unis et le Japon.

Enfin, plus globalement, les travailleurs français sont jugés efficaces et travaillent beaucoup : les durées moyennes de travail effectif hebdomadaire sont de 44,6 heures pour les travailleurs qualifiés et de 36,6 heures pour les employés, au-dessus des moyennes européennes. Selon une autre étude d'Eurostat datée de 2012, le taux de productivité horaire des travailleurs français était élevé : le pays se classe au quatrième rang dans l'Union européenne, derrière les pays du Benelux et devant l'Allemagne et le Royaume-Uni.

Une agriculture de très haut niveau

La France est une des premières puissances agricoles mondiales. Elle détient 16,2 % de la superficie agricole totale de l'Union européenne, contre 13,9 % pour l'Espagne et 9,7 % pour l'Allemagne.

Elle se place en tête, avec 19 % de la production de l'Union des 27 pour une valeur de 65,7 milliards d'euros, contre 13 % pour l'Allemagne et 12 % pour l'Italie. Son appareil productif est moderne : le nombre des coopératives de matériel agricole a augmenté de 13 % depuis 1988 ; en vingt ans, le nombre d'exploitations agricoles a été divisé par deux, pour tomber à 515 000 aujourd'hui, au bénéfice des grandes exploitations qui représentent désormais plus de 30 % du total contre 14 % en 1988. Même si la surface exploitée diminue, la production, elle, augmente régulièrement.

Le secteur agroalimentaire français – premier secteur industriel français – est lui aussi performant et compétitif. En 2010, les entreprises de ce secteur d'au moins 20 salariés représentaient près de 20 % du chiffre d'affaires de l'industrie manufacturière, soit 142 milliards d'euros. Ses exportations s'élevaient à 58 milliards d'euros en 2012. Toutefois, depuis 2007, elle a perdu sa place de leader au profit de l'Allemagne, dont les exportations atteignaient 63,9 milliards en 2012.

Des leaders mondiaux dans l'industrie et les services

Bien que ne représentant que moins d'1 % de la population mondiale, la France dispose de nombreuses entreprises leaders mondiaux, dans de très nombreux secteurs.

C'est le cas de l'eau (Veolia et Suez Environnement), de l'énergie (GDF-Suez, Total, Areva et Schneider), de l'armement et de l'aéronautique (Dassault, EADS, Thales, Safran), de la distribution (Casino, Carrefour), de l'agroalimentaire (Lactalis, Pernod-Ricard, Danone), de la pharmacie (Sanofi-

Aventis), du luxe (L'Oréal, LVMH), du conseil informatique (Cap Gemini, Atos), de la publicité (Publicis), de l'ingénierie (Technip, Assystem), de l'optique (Essilor) et même des logiciels (Dassault Systèmes). Les fusées européennes Ariane, issues des travaux de l'Agence spatiale française, mettent en orbite la moitié des satellites dans le monde.

Une enquête de Thomson Reuters datant de 2012 montre que, dans le « Top 100 » mondial des entreprises les plus innovantes, 21 sociétés sont européennes, dont 13 françaises. Dans le dernier classement Fortune global 500, 32 firmes françaises étaient présentes parmi les 500 plus grandes entreprises du monde en termes de chiffre d'affaires (la France se plaçait au quatrième rang de ce classement, ex-aequo avec l'Allemagne).

Outre les grandes entreprises phares du CAC 40, la France compte aussi de nombreuses entreprises moyennes, remarquables en termes d'innovation et de performances économiques : OVH est le troisième hébergeur Internet au monde ; Gemalto est le leader mondial de la carte à puce et de la sécurité numérique ; Deezer, le service d'écoute de musique en ligne, est passé de 1 à 30 millions d'utilisateurs en cinq ans ; BioMérieux est le leader mondial en systèmes de diagnostic *in vitro* ; Zodiac est le leader mondial des sièges d'avion ; Limagrain, le quatrième semencier au monde ; Lecter SA est le leader mondial des solutions technologiques intégrées ; Environnement SA est le leader européen des systèmes d'évaluation de la qualité de l'air et de l'eau ; Quantel est un des leaders des lasers à application médicale et scientifique ; Soitec est le leader mondial de la production de plaques en silicium sur isolant ; Néopost est le leader européen et le deuxième acteur mondial dans le domaine des systèmes logistiques et de l'équipement des salles de courrier. Et la liste ne s'arrête pas là !

Ces entreprises assurent l'essentiel des exportations françaises : en 2012, l'aéronautique a dégagé un solde positif record de 20,3 milliards d'euros. L'agroalimentaire est en excédent de 11,5 milliards d'euros. Suit l'industrie du luxe, avec 8,5 milliards d'euros, portée par les parfums et les cosmétiques. Enfin, la pharmacie réalise un excédent de 3 milliards d'euros.

De nombreux industriels ont même récemment choisi de relocaliser leurs usines en France : en 2010, Rossignol a relocalisé une partie de son appareil productif en Haute-Savoie après l'avoir délocalisé à Taïwan. En 2010, Le Coq sportif a choisi de relocaliser en France un centre de développement de ses lignes textiles précédemment implanté au Portugal. En mai 2013, Toyota et Renault ont annoncé leur décision de produire en France de nouveaux modèles pour le marché mondial.

Plus récemment encore, l'industrie française s'est si profondément restructurée qu'elle est rentable à 2 % de croissance et non plus à 4 % comme par le passé.

Une qualité de vie exceptionnelle

On trouve en France 5 465 écrans de cinéma, avec plus d'un million de fauteuils, on y donne 50 000 représentations théâtrales par an dans des milliers de salles. Le pays héberge 7 000 musées ; sa presse compte 7 quotidiens nationaux et 160 régionaux. Selon l'agence internationale Quacquarelli Symonds, Paris est la ville la plus agréable au monde aux yeux des étudiants étrangers. Trente-huit sites français sont inscrits au patrimoine mondial de l'Unesco.

Au total, en 2011, la France était encore classée quatrième pays au monde en termes de qualité de vie par le magazine américain *International Living,* après avoir été première durant cinq années consécutives (Elle est à présent devancée par les États-Unis, la Nouvelle-Zélande et Malte). Selon ce magazine, la France bénéficie toujours du meilleur système de santé au monde et obtient la note maximale en matière de sécurité, de libertés, de loisirs et de culture.

L'attractivité de la France se traduit en particulier dans le tourisme, grande industrie de l'avenir : elle reste le pays le plus visité au monde, avec 81,4 millions de touristes internationaux en 2011. Plus de 260 000 résidences secondaires de France métropolitaine (soit 9 % d'entre elles) appartiennent à des personnes résidant principalement à l'étranger (soit une augmentation de plus de 87 000 par rapport à 1997).

Une langue de communication mondiale

Le français est une langue majeure, élément qui sera de plus en plus important pour le développement économique et politique. En effet, tout renforcement de

la diffusion d'une langue entraîne à terme un renforcement parallèle de l'économie : car la langue définit un
univers, une façon de pensée dans lequel s'expriment
des valeurs que les consommateurs achètent avec les
produits qui les symbolisent. Si la place du français
s'améliore dans le monde, celles de l'agroalimentaire,
du tourisme, de la beauté, du luxe, du cinéma, de la
publicité (soit, au total, plus de la moitié de la production française), de la littérature, de l'information s'amé-
liorent avec lui. Demain seront plus encore concernées
les industries capitales des logiciels, des télécommunications, des réseaux et des services de commerce,
d'éducation, de culture, de distraction, de santé déli-
vrés à distance, par téléphone ou sur Internet.
    220 millions de personnes parlent aujourd'hui le
français, dont 96 millions en Afrique. C'est en outre la
cinquième langue la plus parlée sur la planète. C'est la
langue officielle ou co-officielle de 75 États, qui produisent tous ensemble, chaque année, avec 14 % de la
population mondiale, 14 % du PIB mondial. De plus,
en raison de l'évolution démographique de l'Afrique,
dont la population va doubler en l'espace de quarante
ans, il y aura en 2050 au moins 700 millions de franco-
phones, voire un milliard, dont 85 % en Afrique.
    Le français est aujourd'hui la troisième langue uti-
lisée sur Internet (5 % des pages), derrière l'anglais
et l'allemand, et encore avant le chinois.
    Le réseau d'apprentissage mondial du français est
considérable : on compte 900 000 professeurs de français à travers le monde. L'Agence pour l'enseignement français à l'étranger regroupe 480 écoles,
collèges et lycées français dans 130 pays. Par ailleurs,

116 millions de personnes apprennent le français comme une langue étrangère. 1 040 Alliances françaises sont réparties dans 136 pays. En 2011-2012, la France a accueilli 280 000 étudiants étrangers, soit 80 % de plus qu'en 1990-1991, et 12,3 % des étudiants en France.

Défendre le champ d'influence de la langue française constitue donc un enjeu absolument stratégique pour l'avenir.

Au total, la France dispose de bien plus d'atouts et de moyens accumulés que la plupart des autres pays du monde. Elle ne doit pas avoir peur de son avenir. Même les marchés financiers, impitoyables censeurs, le savent, puisque l'État français, malgré sa dette considérable, emprunte à un taux historiquement bas. Si bas que la charge de la dette publique diminue, alors même que la dette augmente.

La France possède donc tous les moyens de figurer parmi les grands vainqueurs de l'avenir.

Et pourtant, elle traverse une crise très profonde, à la fois économique, sociale, politique et surtout morale, dont rien ne donne à penser qu'elle puisse se terminer rapidement. Ni même, peut-être, jamais.

CHAPITRE 3

La France s'enfonce

Malgré tous ces atouts et alors qu'un avenir magnifique pourrait s'ouvrir à elle, la France va mal. Et elle a le sentiment d'aller plus mal encore ; elle ne croit pas en elle-même et pourrait s'engager dans un long hiver.

Marins et paysans

Principale faiblesse de la France dans le monde d'aujourd'hui : elle n'a jamais été un pays capitaliste ; elle est restée un pays de rentes. Elle aurait pu devenir un pays d'entrepreneurs, comme le sont les pays les plus prospères de la planète, si elle avait choisi la culture de la mer, dont j'ai dit plus haut l'importance stratégique, et si elle avait choisi de placer sa capitale dans un port – ce qui eût été possible grâce à sa formidable façade maritime. Elle se serait alors trouvée dans la situation de toutes les grandes puissances qui ont fait ce choix au cours des siècles précédents : Bruges, Venise, Anvers, Gênes, Amsterdam, Londres, tous tour à tour premiers ports du monde occidental, grandes puissances attractives des marchandises, des idées et des hommes, capitales de l'économie mondiale.

À l'inverse, la France a choisi d'être d'abord un pays agricole, c'est-à-dire de tourner le dos au grand large, aux idées venues d'ailleurs, au commerce, au risque, au profit, aux marchands, aux ports, à l'industrie ; pour privilégier la répétition, les rentes foncières, les corvées, les seigneurs. Ces derniers ont constitué une nation avec des routes, des postes, des cavaleries, des administrations. Ils se sont entêtés à bâtir des châteaux, à distribuer des offices, à accumuler des récoltes. Ils ont choisi de centraliser toutes les richesses et tous les pouvoirs autour d'un roi ou d'un empereur, et d'un État, chargé de garantir bien-être et sécurité à tous. Aussi longtemps qu'il le fait, ce pouvoir est révéré. Quand il échoue, il est renvoyé, en général par une révolution.

Malgré ces soubresauts, malgré la victoire planétaire du capitalisme, la France est restée pour l'essentiel une juxtaposition de rentes, c'est-à-dire de propriétés inexpugnables, artificiellement rares, apportant à ceux qui les détiennent des revenus liés à cette rareté même, sans faire place au neuf, au moderne, au progrès. Elle a donné ainsi priorité aux idées anciennes sur les idées nouvelles, aux sédentaires sur les nomades, aux fortunes héritées sur les fortunes amassées, au pouvoir accumulé sur le pouvoir disséminé, à la centralité sur le labyrinthe, à la loi sur la jurisprudence, à la règle sur l'expérience, à l'architecture sur la peinture.

La France est même devenue une nation de services sans être passée assez longtemps par l'étape industrielle : l'industrie ne contribue aujourd'hui qu'à hauteur de 12,5 % de la valeur ajoutée totale du pays, loin derrière l'Allemagne (26,2 %) ou la Suède (21,2 %), ce qui place la France à la quinzième position au sein de la zone euro ; la part de l'industrie dans l'emploi salarié total s'est même également gravement détériorée, tombant de 26 % en 1980 à 12 % en 2011. C'est d'autant plus préoccupant que 85 % de notre recherche, 83 % des gains de productivité et 80 % de nos exportations de biens et services viennent de l'industrie.

Faute de profit et d'entrepreneurs, pas d'industrie. Et faute d'industrie, pas de croissance, pas d'emploi ni d'exportations. Telle est l'équation majeure de la modernité.

Le secteur agricole emploie encore 2,5 % de la population active, et les services 74,5 %. L'un comme l'autre restent les havres principaux des rentes.

Chacun considère encore aujourd'hui qu'il doit avant tout se battre pour préserver des avantages reçus et protéger des rentes. Personne ne bouge beaucoup : 60 % des Français vivent et meurent encore dans le département où ils sont nés. L'État continue de distribuer des privilèges, des statuts, et de gouverner par une réglementation consacrée, pour l'essentiel, à la protection des intérêts particuliers contre le jeu de la concurrence et celui de l'intérêt général.

**Les Français ne s'aiment pas
et ne s'aident pas**

L'idéologie est une clé essentielle pour comprendre un pays. Et celle de la France est aujourd'hui brouillée par de grands malaises.

La France est le pays d'Europe de l'Ouest dont les habitants s'aiment le moins les uns les autres. Selon plusieurs sondages récents, 78 % des Français estiment que l'on n'est jamais trop prudent quand on a affaire aux autres. 56 % d'entre eux estiment que les chômeurs pourraient trouver un emploi s'ils le souhaitaient vraiment. 18,5 % de la population déclarent ne pas considérer comme important d'aider les autres ou de s'intéresser à leur bien-être, contre moins de 5 % en Espagne, en Belgique ou en Suisse, et seulement 5,9 % en Allemagne. Comparés à leurs voisins anglo-saxons, les Français donnent peu, voire très peu, alors que les incitations fiscales aux dons sont en France parmi les plus fortes au monde, grâce à une réduction d'impôts allant jusqu'à 66 %.

Autre signe inquiétant : la France se situe parmi les pays ayant la plus forte mortalité par suicide ; elle en a le septième taux le plus élevé pour les hommes dans l'Europe des 27, et le cinquième pour les femmes. Ce taux est deux fois supérieur à celui de la Grande-Bretagne. Selon une étude du Centre collaborateur de l'Organisation mondiale de la santé (CCOMS) et de la Drees, 8 % des Français âgés de plus de 18 ans auraient fait une tentative de suicide au cours de leur vie. Ce taux s'élève à 16 % chez les personnes divorcées, 14 % chez les demandeurs d'emploi, et 22 % chez les personnes repérées comme ayant traversé une période dépressive au cours des deux dernières semaines.

Les Français n'aiment ni l'argent, ni l'enrichissement, ni les riches

L'idéologie de ce pays de rente demeure très hostile au profit : 82 % des Français considèrent que l'argent a corrompu les valeurs traditionnelles de la société française, et 29 % estiment que c'est une mauvaise chose que de vouloir gagner beaucoup d'argent. Devenir riche par hasard ou par héritage (ou, à la rigueur, en exerçant une activité artistique ou sportive) est toléré. S'enrichir par son travail, surtout si on doit, pour cela, diriger le travail d'autrui, est intolérable. Certains, à gauche, le refusent par idéologie marxisante (conçue par des gens qui n'ont jamais lu Marx, premier admirateur de la bourgeoisie), d'autres, à droite, s'y opposent par idéologie religieuse (conçue par des gens qui n'ont jamais lu la Bible, où l'on trouve le premier éloge de l'enrichissement s'il est mis au service des autres). Les premiers font l'apologie de l'égalité, les seconds de la pauvreté. Les deux ont en commun l'idéologie de la rente, c'est-à-dire la détestation de ceux qui gagnent leur vie en animant des entreprises en situation de concurrence. Tous ne tolèrent que la fortune héritée, issue de rentes, soigneusement protégée par la fiscalité. Plus encore, trop de Français n'aiment pas du tout le travail et ne cherchent qu'à en réduire la durée plutôt qu'à en améliorer le contenu.

Les Français se méfient du monde

Alors que la mondialisation porte autant de promesses que de risques, 73 % des Français pensent qu'elle constitue une menace pour eux, contre seulement 38 % des Allemands, 37 % des Espagnols, 29 % des Irlandais, 40 % des Italiens, 55 % des Luxembourgeois et 30 % des Néerlandais. 58 % des Français estiment que leur pays devrait davantage se protéger du monde actuel. 37,7 % estiment que l'immigration a un impact négatif sur l'économie, contre 16,9 % en Suisse, 35,3 % en Espagne et 32,7 % en Allemagne.

Seuls 34 % des Français déclarent faire confiance à l'Union européenne. 28 % d'entre eux souhaitent que la France sorte de la zone euro et revienne au franc. 65 % jugent nécessaire de renforcer les pouvoirs de décision de la France, « même si cela doit conduire à limiter ceux de l'Europe ». Comme le remarquent Hervé Le Bras et Emmanuel Todd dans *Le Mystère français*, ces données résultent d'une cristallisation progressive : alors que le « oui » l'avait emporté au référendum de 1992 sur le traité de Maastricht dans toutes les catégories sociales, à l'exception des ouvriers et des employés, le « non » l'a emporté au référendum de 2005, parce que tous, hormis les cadres supérieurs et les personnes âgées, ont voté contre le traité constitutionnel européen.

Une tendance de fond au ralentissement de la croissance

Si le grand vent du monde influe un peu sur ces anachronismes français, les résistances des rentiers, l'essoufflement de l'industrialisation, moteur principal de toute croissance, et le passage trop rapide aux services ont eu un impact très négatif sur la croissance française.

Alors que, jusqu'en 1973, le PIB par habitant augmentait de 4,5 % par an, à partir de 1984, il n'augmente plus, en moyenne, que de moins de 2 % par an. Et la croissance prévue aujourd'hui est, dans la meilleure des hypothèses, négative pour 2013 et inférieure à 1 % pour 2014.

Ce ralentissement considérable et entêté – qui que ce soit ait été au gouvernement – rend plus difficiles la mobilité sociale, la réduction des inégalités, l'enrichissement des individus.

Il a d'abord été masqué par l'inflation, qui a permis de simuler une croissance des revenus ; puis par l'endettement public et privé, lorsque la domination des personnes âgées a conduit à maîtriser la hausse des prix (plus néfaste aux personnes âgées épargnantes qu'aux jeunes emprunteurs). Jusqu'à ce qu'aujourd'hui la contrainte du réel commence à se manifester, interdisant à la fois l'inflation et l'endettement.

Ce processus s'est traduit par un affaiblissement progressif du niveau relatif de la qualité de vie des Français que reflètent déjà plusieurs indices internationaux : selon l'indice de l'ONU, la France en ce domaine ne figure plus qu'au vingtième rang mondial en termes de développement humain. Le *Better Life Index* de l'OCDE la classe au dix-huitième rang sur 36 pays étudiés, loin derrière l'Australie, les pays scandinaves, les États-Unis, l'Allemagne et la Belgique. D'après le site de classement Numbeo, en 2013, la France se place en dix-septième position en termes de qualité de vie (les trois premiers sont la Suisse, l'Allemagne et les États-Unis). Et la France est même le pays d'Europe où les habitants se déclarent le moins heureux.

Le déficit de la balance des paiements, reflet de la perte de compétitivité

Les exportations ne font pas bon ménage avec les rentes. Et comme on n'exporte rien qui ne soit, d'une façon ou d'une autre, lié à l'industrie, la balance des paiements, premier juge de paix de la valeur de l'économie d'un pays, est nécessairement fragile.

Depuis 2002, date de son dernier excédent commercial, la France a cessé d'avoir la capacité de payer ce qu'elle doit importer : son déficit atteint aujourd'hui 67 milliards d'euros, quand l'Allemagne réalise un excédent de 188 milliards d'euros. Sa balance courante est négative depuis 2005, et son déficit n'a cessé de se creuser, passant en sept ans de -0,49 % du PIB en 2005 à -2,41 % du PIB en 2012.

Même si la France est toujours le cinquième pays exportateur mondial, sa part de marché dans le monde a diminué, et sa part dans les exportations de la zone euro est tombée de 17,7 % à 13,5 % entre

1999 et 2009, quand celle de l'Allemagne passait de 29,6 % à 32,2 %. Cette tendance persiste aujourd'hui : les exportations françaises représentent désormais moins de 40 % des exportations allemandes, contre 55 % en 2000. Un exemple particulièrement cruel : les exportations françaises représentent 1,27 % des importations chinoises, alors que celles de l'Allemagne en représentent 5,33 %.

Dans son classement global de la compétitivité 2012, le « Forum économique mondial » classe la France en vingt-et-unième position (elle était encore quinzième en 2010). Ce sont la Suisse, Singapour et la Finlande qui occupent les trois premières places, l'Allemagne, les États-Unis et le Royaume-Uni figurant également dans le « Top 10 ».

Dans son rapport *Doing Business* 2013, la Banque mondiale classe la France au trente-quatrième rang des pays où il est le plus « facile de faire des affaires », soit une relégation de deux places par rapport à 2012. Si la France se classe huitième en matière d'exécution des contrats, elle n'est que quatre-vingt-deuxième pour ce qui concerne la protection des investisseurs et... cent-quarante-sixième pour les transferts de propriété !

Les causes de ces difficultés résident d'abord dans la structure de l'économie, en particulier dans deux dimensions particulières de la situation rentière : la faible capacité d'innover et le coût global du travail.

La France innove moins que d'autres. Une économie de rente innove moins qu'une économie du profit. Or, dans le monde actuel, la compétitivité se joue largement sur l'innovation. Sur ce terrain, et malgré les chiffres flatteurs du chapitre précédent, la France se classe onzième dans le tableau de bord de la Commission européenne (avec un score de 0,568, elle fait partie des pays « suiveurs »), loin derrière les « champions » de l'innovation que sont la Suède (0,747), l'Allemagne (0,720), le Danemark (0,718) et la Finlande (0,681). Si les dépenses privées de recherche et développement (1,43 % du PIB) sont légèrement supérieures à la moyenne européenne (1,27 %), les dépenses d'innovation hors R&D ne représentent en France que 0,25 % du chiffre d'affaires des entreprises, contre 0,56 % en moyenne dans l'Union. Cela se traduit par une moindre qualité moyenne des produits ou des machines exportés, comparée à celle de ses concurrents allemands et italiens, qui disposent d'une tradition d'excellence et d'innovation encore intacte.

Le coût global du travail est, en raison de rentes diverses, particulièrement élevé. Selon l'Office fédéral allemand des statistiques Destatis, la France est le quatrième pays d'Europe le plus cher en 2012, avec un coût horaire moyen du travail de 34,2 euros, seulement devancé par la Suède (41,9 euros), la Belgique (40,4 euros) et le Danemark (39,5 euros), alors qu'en 2000, il était inférieur à celui de l'Allemagne et bien inférieur à celui de la Suède. Dans la seule industrie, le salaire horaire atteint 33,20 euros en France en 2009, contre 30,60 euros en Allemagne, 25,15 en Italie et 19,66 en Espagne. Cela s'explique, en particulier, par les charges importantes pesant sur les coûts du travail : les taux de cotisations patronales de sécurité sociale en France restent ainsi supérieurs à 30 % du salaire brut alors que d'autres pays ont fait le choix d'un transfert d'une partie de ces charges vers la TVA, comme ce fut le cas de l'Allemagne dès 2007. Plus généralement, le taux de prélèvements obligatoires sur les entreprises (impôts sur les sociétés, cotisations sociales et taxes diverses) atteignait 17,9 % du PIB en France, soit le taux le plus élevé d'Europe, contre moins de 12,6 % en Allemagne, en Pologne, au Luxembourg, en Irlande ou au Danemark. C'est également en France que, tous secteurs confondus, la part des dépenses de formation dans le coût du travail, source de gaspillages considérables, est la plus élevée d'Europe.

Les délocalisations

Une des conséquences majeures de cet écart de compétitivité est le départ des usines des grands groupes industriels, pas toujours justifié par l'ambition de servir de nouveaux marchés : selon l'observatoire français Trendeo, spécialisé dans ces domaines, sur la période 2009-2011, 3 % des 562 000 emplois supprimés tous secteurs confondus, sont liés aux délocalisations. 80 % des emplois perdus par délocalisation sont dans l'industrie et ils représentent 8,6 % des emplois supprimés.

Les délocalisations touchent désormais aussi le secteur des services, y compris les activités à forte valeur ajoutée, dites intellectuelles, telles que l'informatique, les métiers du chiffre et du droit, les services d'ingénierie, etc. D'ici à 2015, la France pourrait avoir perdu 98 000 emplois de services du fait de ces délocalisations.

Au-delà des activités purement productives, certains des plus grands groupes délocalisent aussi leurs centres de décision, et internationalisent la détention de leur capital. Trois entreprises du CAC 40 ont d'ores et déjà implanté leur siège à l'étranger : ArcelorMittal au Luxembourg, ST Microelectronics en Suisse et EADS aux Pays-Bas. En 2013, plus de 40 % du capital des trente-sept autres sociétés du CAC 40, dont le siège est encore en France, appartient à des personnes physiques ou morales ne résidant pas en France, contre moins de 35 % en 1999.

Des institutions de plus en plus remises en question

Dans un monde où triomphe la mer, l'État sédentaire, si essentiel à la société rurale depuis la fondation de la France, se trouve affaibli. Il a dû récemment céder un grand nombre de ses attributs aux entreprises, au marché mondial, à l'Europe, aux collectivités territoriales. Le président de la République, qui en est la principale incarnation, a de moins en moins d'influence sur le réel, et beaucoup moins de pouvoir que ses prédécesseurs : il ne contrôle plus ni la monnaie, ni les grands investissements publics, ni les grandes entreprises ni les banques.

Le gouvernement, qui n'est pratiquement plus que le cabinet du président, depuis l'alignement de la durée des mandats du président et de l'Assemblée nationale, a, lui aussi, de moins en moins de pouvoir ; et les Assemblées sont elles-mêmes si contestées que plusieurs dirigeants politiques importants choisissent de ne plus chercher à s'y faire élire et que ceux qui y siègent n'y sont encore, pour beaucoup, que pour faire valoir l'intérêt des collectivités territoriales qu'ils y représentent.

En conséquence, les Français respectent de moins en moins leurs élus : 72 % pensent que la démocratie fonctionne plutôt mal en France et que leurs idées ne sont pas représentées. 68 % des Français estiment ne pas pouvoir faire globalement confiance aux élus ; 62 % des Français pensent que la plupart des hommes et des femmes politiques sont corrompus. Et les scandales qui s'accumulent n'amélioreront pas de sitôt cette image.

Par ailleurs, la démocratie souffre de la fragilité de la presse : le chiffre d'affaires de la presse écrite a reculé de 15,7 % entre 2007 et 2011, du fait de la chute des ventes (-7,6 %) et de l'effondrement de la publicité (-25,9 %). La presse nationale d'information générale et politique, quotidienne et hebdomadaire, représente désormais moins de 15 % du chiffre d'affaires de la presse généraliste, alors qu'elle en représentait encore près de 20 % en 1990, malgré un soutien financier de l'État de près de 5 milliards d'euros sur la période 2009-2011.

Au total, le classement 2012 des démocraties publié par *The Economist*, qui rassemble ces don-

nées, place ainsi la France au sein du groupe des
« démocraties imparfaites », à la 28ᵉ place, loin
derrière certains de ses voisins européens, comme
l'Autriche (12ᵉ), l'Allemagne (14ᵉ), le Royaume-Uni
(16ᵉ) ou les pays scandinaves, champions du monde
de la démocratie, selon ce classement. La liberté de
la presse n'est pas non plus totale : en 2013, Reporters sans frontières classe la France à la 37ᵉ place sur
179 pays, juste devant... le Salvador.

La fragilité de l'État de droit

Même si la sécurité semble globalement assurée,
partout en France, l'État de droit recule : dans des
quartiers de plus en plus nombreux, des bandes lut-
tent pour la maîtrise de territoires où elles font commerce de drogue dans une relative impunité. Là,
l'économie criminelle fait le vide autour d'elle, chas-
sant la police, les services publics, et toute vie économique et culturelle légale.

Les exemples sont innombrables : les quartiers du
Grand Mirail, où se concentre le tiers des violences
urbaines de l'agglomération de Toulouse ; plusieurs
quartiers montpelliérains, qui enregistrent huit fois
plus de vols avec violences que le reste de la ville et
où la majorité des auteurs d'infractions sont
mineurs ; la ville de Creil, où a lieu près de la moitié
des interventions de la police du département de
l'Oise ; le quartier de la Grande Borne, à Grigny,
dans l'Essonne, où les ministères de l'Intérieur et de
la Justice recensent des « violences urbaines très fré-

quentes de la part de groupes imposants (parfois jusqu'à 150 personnes), mobiles et déterminés ; trafics de stupéfiants ; atteintes à l'autorité et aux institutions (guet-apens contre les forces de l'ordre et les pompiers)» ; le quartier du Val d'Argent, à Argenteuil, qui a enregistré un triplement des violences contre les policiers au cours de l'année 2012. Et les 39 quartiers sensibles de Marseille, où, depuis le 1er janvier 2010, ont eu lieu une soixantaine de règlements de compte à l'arme lourde, dont 24 en 2012. La police y déploie certes d'énormes efforts. Il n'empêche : les zones de non-droit s'étendent.

Par ailleurs, en termes militaires, si la protection de la population et du territoire national ne montre intrinsèquement pas de faiblesses, elle est directement dépendante des manquements ou erreurs en amont. À cet égard, les lacunes résident dans les moyens conventionnels : satellites, dispositifs de lutte informatique défensifs et offensifs, missiles de croisière, drones (armés ou non), sous-marins d'attaque, frégates multimissions, équipements de protection et d'« augmentation » du fantassin. Tout cela manque, alors que la sécurité à l'intérieur est, au final, directement liée à la capacité de la France à se faire respecter à l'extérieur.

L'hypertrophie de l'État et les gaspillages d'argent public

Alors que son pouvoir se réduit, la taille de l'État n'a cessé de croître, d'année en année : la dépense publique (qui inclut l'État, les collectivités locales et la Sécurité sociale) est ainsi passée de 35 % du PIB en 1960 à 57,2 % en 2013, alors qu'elle est restée stable, autour de 49 %, dans le reste de l'Union européenne. 6,75 millions de personnes, soit environ un actif sur quatre, travaillent dans le secteur public (dont 5,2 millions de fonctionnaires proprement dits, 143 000 emplois aidés, 189 000 salariés d'organismes publics comme la Sécurité sociale, 642 000 salariés d'organismes privés à financement public, et 588 000 salariés d'entreprises publiques). Depuis 2006, les rémunérations des 10 % des fonctionnaires les mieux payés ont augmenté de 19 %. Et le salaire net global des cadres de direction (45 000 fonctionnaires) était de 77 741 euros fin 2010.

Cette hypertrophie de l'État s'explique à la fois par la prise en charge de dépenses de transfert croissantes et par d'énormes gaspillages que nul ne sait maîtriser ni sanctionner. Elle entraîne une prolifération incontrôlée de textes, règlements, contrôles, audits, études, formulaires, fichiers, dont les auteurs ne connaissent même plus la finalité ni le mode d'emploi.

À cela s'est ajoutée l'hypertrophie récente des collectivités territoriales : en dix ans, la fonction publique d'État a supprimé 114 460 postes, sous prétexte de décentralisation, alors que, pour remplir les mêmes fonctions, les fonctions publiques territoriale et hospitalière augmentaient respectivement leurs effectifs de 482 350 et 179 748. Ainsi a-t-on laissé proliférer des collectivités territoriales en surnombre (36 783 communes, 17 368 groupements de collectivités territoriales, 100 départements, 26 régions). Ainsi a-t-on lancé des équipements publics faramineux, sans en avoir les moyens, comme la Philarmonie à Paris ou le MUCEM à Marseille, dont les budgets d'investissement ont explosé et dont les budgets de fonctionnement sont encore inconnus. Ainsi a-t-on laissé se multiplier des instances de gestion de ressources publiques sans raison d'être, comme les OPCA (organismes paritaires collecteurs agréés qui gèrent de façon obscure une partie des 31,5 milliards d'euros de ressources de la formation professionnelle, dont seulement quelque 3,9 milliards sont orientés vers les chômeurs), tandis que la gestion de la taxe d'apprentissage sert, en sous-main, à financer des syndicats, dont les caisses ne sont alimentées que pour 5 % par les cotisations de leurs adhérents. Et les dépenses du 1 % logement (0,45 % de la masse salariale de toutes les entreprises de plus de 100 salariés) sont gérées, elles aussi, dans des conditions de grande opacité.

Sans compter d'autres absurdités : par exemple, entre 2004 et 2011, l'administration des douanes a subventionné, pour 2,6 milliards d'euros, 27 000 débitants de tabac, augmentant de près de 4 000 euros leur rémunération annuelle, qui était déjà, en moyenne, de 44 000 euros en 2011. Ainsi du Cned, établissement public d'enseignement à distance, qui utilise encore chaque année 390 tonnes de papier et expédie par la poste plus de 300 millions de pages au lieu de travailler par Internet, alors que le nombre de ses usagers s'est effondré de 402 000 en 1998 à 202 000 en 2011. Ainsi du musée national du Sport, qui réunit, depuis sa création en 1963, 600 000 pièces, sans disposer d'aucun lieu pour les exposer, sinon une vitrine provisoire réalisée au prix de 4,4 millions d'euros de travaux, qui n'attirait au maximum que 50 visiteurs par jour, jusqu'à sa fermeture récente.

Dettes publiques : l'impossible rattrapage

Ces dépenses publiques, aussi énormes qu'inconsidérées, ne sont pas toutes financées. La fiscalité réussit le tour de force d'être une des plus élevées au monde (43,9 % du PIB) et, en outre, d'une insigne complexité et d'une grande inégalité : elle favorise les rentes et les lobbies, au détriment de l'innovation et de la mobilité. Elle est une des plus hautes au monde sur le capital, une des plus basses d'Europe sur la consommation.

Dans la première décennie du XXIe siècle, alors que les dépenses augmentaient considérablement, les recettes fiscales ont beaucoup baissé, année après année, sous des gouvernements de gauche comme de droite (pour moitié par des allègements sur l'impôt sur le revenu). Les baisses d'impôts ont été de l'ordre de 0,59 % de PIB par an en moyenne entre 2000 et 2002 (gouvernement de gauche), et de 0,36 % par an entre 2003 et 2009 (gouvernement de droite). Et si les impôts n'avaient pas diminué depuis l'an 2000 alors qu'explosaient les dépenses, la dette publique n'aurait été, en 2008, que de 54,6 % du PIB et non de 77,4 %. Elle serait aujourd'hui de 72 %, et non de 95 %.

Il est donc injuste d'accuser le président et le gouvernement actuels d'avoir eu à augmenter significativement les recettes publiques, pour rattraper un peu ces manques à gagner, en atteignant en 2013 un maximum historique de 46,5 % de prélèvements fiscaux. Ceux-ci étaient inévitables pour faire payer par les impôts d'aujourd'hui les dépenses qu'on a négligé de financer hier.

Encore est-ce très insuffisant pour rattraper ce retard et l'écart entre recettes et dépenses reste considérable. Le déficit public (qui représentera encore plus de 4 % en 2013 et 2014) ne permettra pas à la dette publique de refluer. Elle restera autour de 95 % du PIB en 2014, et autant, sinon plus, les années suivantes. Certes, la récente baisse des taux d'intérêt peut laisser croire que la dette publique pourrait augmenter à l'infini. Ce n'est pas le cas : la charge de la dette est aujourd'hui de 46,7 milliards d'euros, ce qui en fait le deuxième poste de dépense, derrière la mission « Enseignement scolaire » (64 milliards d'euros).

Le recul du niveau scolaire et universitaire

Ces dépenses publiques ne sont pas non plus particulièrement efficaces en matière d'éducation, premier budget de l'État et des collectivités territoriales.

Le système est d'abord totalement dysfonctionnel : avec 144 jours d'enseignement contre 187 en moyenne pour l'OCDE, les élèves français sont ceux qui passent le moins de jours par an à l'école, mais parmi ceux qui y passent le plus d'heures quotidiennement. De plus, le niveau global de l'illettrisme décroît en France (7 % en 2011 contre 9 % en 2004). À l'entrée au collège, 15 % des élèves connaissent des difficultés sévères ou très sévères, et 25 % ont des acquis fragiles ; c'est plus de 30 à 35 % dans les zones d'éducation prioritaire. Selon l'enquête PISA (*Programme for International Student Assessment*) de l'OCDE, la France est passée, de 2000 à 2009, du treizième rang sur 26 pays au dix-huitième sur 34 en compréhension de l'écrit. La proportion des élèves les plus faibles en mathématiques a augmenté de 16,6 % à 22,5 % entre 2003 et 2009.

Le taux d'obtention du baccalauréat général pour chaque génération passe de 5,3 % en 1951 à 12,6 % en 1966, 17,8 % en 1981, 37,2 % en 1995, pour se stabiliser ensuite à un niveau proche de 35 %. Les bacs technologiques (15,9 % des bacheliers en 2009) et professionnels (14,4 % la même année) portent la proportion totale de titulaires du bac à 65 % d'une classe d'âge.

Le résultat global est dramatique : la France fait partie des pays dont le plus grand nombre des jeunes âgés de 15 à 19 ans n'est ni sur le marché du travail, ni à l'école, ni en apprentissage, ni en formation professionnelle. En 2011, 11,9 % des jeunes de 18 à 24 ans, soit près de 600 000 personnes, sont des « sortants précoces », qui n'ont pas d'autre diplôme que le brevet et ne suivent aucune formation. Au total, chaque année, plus de 120 000 jeunes quittent le système avec, au mieux, le brevet.

Au stade du baccalauréat, la baisse du niveau moyen en sciences « dures », et particulièrement en mathématiques, est telle qu'elle risque d'aggraver, à terme, le déficit d'ingénieurs constaté depuis plusieurs années. Pour Laurent Lafforgue, Alain Connes et d'autres mathématiciens, « à la fin d'une terminale S, les élèves ont perdu, en mathématiques, l'équivalent d'une année et demie par rapport à leurs aînés de Terminale C d'il y a trente ans ».

Faute d'un soutien efficace aux élèves en difficulté, la France est devenue le premier marché européen pour le soutien privé : 1,5 milliard d'euros (2011), pour 40 millions d'heures de cours dispensées à un million d'élèves.

En outre, la France est le pays de l'OCDE où l'écart de résultats entre élèves issus de milieux favorisés et défavorisés est le plus fort : deux fois celui du Canada, du Japon ou de la Finlande.

Le statut de l'enseignant s'est aussi dégradé et, avec lui, son autorité. Un tiers seulement des enseignants suivent chaque année des programmes de formation continue, et ce nombre diminue. Les salaires des enseignants au primaire, au collège et au lycée se situent sur une moyenne basse par rapport aux autres pays de l'Union européenne.

Si près d'un jeune sur deux accède à l'enseignement supérieur, les étudiants y sont mal orientés, perdus dans la complexité des parcours, la vétusté des lieux d'enseignement, l'absence de bourses et de logements étudiants. Les universités restent très inégales, sans capacité de concurrencer les grandes écoles, et sans moyens, pour beaucoup d'entre elles, d'offrir un cadre de vie décent aux étudiants et aux professeurs. Près de 20 % des étudiants en ressortent sans diplôme. C'est surtout le cas en langues, en sciences humaines et sociales, en sciences économiques et gestion, en droit et en sciences politiques. Les inégalités sociales se reproduisent impitoyablement. Les chiffres sont écrasants : parmi les étudiants en classes préparatoires aux grandes écoles, 50,9 % sont des enfants de cadres et de professions supérieures, 6,3 % d'ouvriers. Les enfants de cadres supérieurs et de professions libérales représentent 62 % des élèves des grandes écoles et 67,5 % des élèves des grandes écoles de commerce, alors qu'ils ne représentent que 13,6 % de la population française. Les enfants d'employés et d'ouvriers forment 45,2 % de la population, mais seulement 10,9 % des élèves des grandes écoles. 80 % des enfants de cadres et de professions libérales et seulement 40 % des enfants d'ouvriers ont accès à l'enseignement supérieur. Près de 40 % des enfants de cadres et d'enseignants sont diplômés bac + 5, contre moins de 20 % des enfants de non-cadres. Les enfants d'enseignants réussissent moins bien dans le supérieur que dans le secondaire.

Au total, 42 % d'une génération sort du système scolaire avec un diplôme de l'enseignement supérieur. Mais on ne forme pas assez d'ingénieurs, faute de candidats, et ceux qui le sont partent à l'étranger ou travaillent dans la finance. On ne forme pas non plus assez de médecins. Seulement 1,5 % d'une tranche d'âge décroche en France un doctorat (contre

1,6 % aux États-Unis, 2,3 % au Royaume-Uni, 2,6 % en Allemagne, et 2,8 % en Suède).

L'Insee note que « le niveau de diplôme à l'entrée [...] est de plus en plus élevé par rapport à celui requis pour occuper les postes : parmi les agents entrés depuis 2000 dans la fonction publique, 55 % de ceux accédant à un poste B ou C sont titulaires d'un diplôme de l'enseignement supérieur long ». Et combien de bacs +3, ou + 5 se font serveurs de restaurant ou vendeurs dans des grandes surfaces ?

Enfin, les salariés bénéficiant le plus de la formation professionnelle sont ceux qui sont déjà... les mieux formés : un cadre, ou un ingénieur, a deux fois plus de chances qu'un ouvrier de suivre une formation au cours d'une année. Quant aux chômeurs, seuls 10 % d'entre eux suivent aujourd'hui une formation.

Le chômage explose,
en particulier celui des jeunes

Cette faible croissance et cette compétitivité fragile ne peuvent qu'engendrer un chômage massif. Principal symptôme de la crise, le chômage est aujourd'hui à un niveau jamais atteint dans l'histoire économique française. Il est passé de 3,4 % en 1974 à 10,7 % en 1994 ; revenu à 7,7 % en 2001 et à 7,4 % en 2008, il touche aujourd'hui plus de 5 millions de personnes.

Depuis 2009, 1 087 sites industriels ont mis la clé sous la porte. En 2012, Trendeo recense 266 fermetures d'usines, soit une augmentation de

42 % par rapport à 2011. En contrepartie, seulement 166 usines ont été créées en 2012.

41 000 chômeurs rayés chaque mois de Pôle Emploi se retrouvent avec, pour vivre, le seul RSA et sont par conséquent promis, pour certains, au sort de sans-domicile-fixe. Le chômage menace surtout les travailleurs en situation précaire : l'emploi intérimaire est toujours le premier affecté en cas de crise. Si environ 98 % des salariés en CDI conservent un emploi d'un trimestre à l'autre, 16 % des intérimaires et 10 % des salariés en CDD se retrouvent au chômage le trimestre suivant.

En particulier, le chômage des jeunes de 15 à 24 ans n'est jamais descendu en dessous de 14 % depuis 1982. Il a augmenté de 50 % depuis le début de la crise actuelle, passant de 17 % au début de 2008 à 25,7 % à la fin de 2013. 46 % des jeunes non diplômés sont au chômage. Les jeunes représentent ainsi 22 % de la population active, mais 40 % des chômeurs, et lorsqu'ils trouvent un emploi, c'est trop souvent, sauf s'ils sont issus d'un milieu aisé, un poste sous qualifié ou un stage sous-payé, suivi d'un ou plusieurs emplois précaires. Il faut attendre aujourd'hui en moyenne l'âge de 27 ans pour signer son premier contrat à durée indéterminée. 23 % des jeunes sont pauvres et en général non éligibles au RSA, car âgés de moins de 25 ans.

Une crise durable du logement

La crise du logement est là : le parc social est saturé, l'accession à la propriété ne se fait plus ; les loyers dans le parc privé ont augmenté de manière insupportable, notamment pour les bas salaires et les petites surfaces ; les ménages doivent consacrer une part délirante de leurs revenus au loyer. 1,18 million de ménages sont en attente d'un logement social.

Le mal-logement affecte 3,6 millions de personnes en France ; 685 000 sont privées de logement personnel : cette catégorie comprend les sans-domicile (133 000) et les personnes vivant dans des habitations de fortune telles que des cabanes ou des campings (85 000), ou de manière contrainte chez des tiers (411 000), ainsi que les 2,8 millions de personnes qui vivent dans des logements privés de confort ou surpeuplés. En plus de ces 3,6 millions de mal-logés, la Fondation Abbé-Pierre recense 5,1 millions de personnes en situation de fragilité, parmi lesquelles les occupants des 356 686 logements situés dans des copropriétés en difficulté et les 494 800 ménages en impayés de loyer.

Le recul de la mobilité sociale

Une société sans croissance, où les rentes sont si nombreuses, où les familles pauvres sont particulièrement vulnérables, ne peut maintenir une mobilité sociale. Et c'est le cas en France, au moins depuis

1993. À cette date, 65 % des hommes de 40 à 59 ans étaient encore employés dans une profession plus valorisante à leurs yeux que celle de leur père, contre 57 % en 1977. Depuis lors, cette proportion s'est dégradée.

Aujourd'hui, la mobilité sociale est de plus en plus souvent en régression. Ainsi les 35-39 ans nés entre 1944 et 1948 avaient-ils 2,2 fois plus de chance de gravir l'échelle sociale que de la descendre, alors que, pour les personnes nées vingt ans plus tard, ce ratio n'est plus que de 1,4.

Les élites sont protégées de ces risques. Elles disposent de rentes culturelles et relationnelles, qui viennent compléter ou remplacer les rentes foncières et financières. Et qui protègent leur avenir, comme celui de leurs descendants.

Les enfants d'ingénieurs ou de gens informés disposent ainsi des moyens financiers et/ou culturels, et/ou relationnels et obtiennent, souvent par relation, les meilleurs emplois. Les enfants de cadres diplômés à bac +5 sont 73 % à devenir cadres, alors que les enfants de non-cadres, avec le même niveau d'études, ne sont que 62 % à le devenir. Et, selon les dernières données disponibles, un fils de cadre a 8 chances sur 10 d'occuper une position sociale égale ou supérieure à celle d'un fils d'ouvrier.

Ainsi, aux rentes foncières et financières s'ajoutent désormais les rentes culturelles et relationnelles, qui bloquent la mobilité sociale et la créativité du pays.

Un pouvoir excessif des seniors

Une autre rente vient s'ajouter à toutes les autres : celle des seniors, dont le pouvoir électoral assoit la position et dissuade les gouvernants de tout changement. À la fin de l'année 2012, la France compte 11,5 millions de personnes âgées de plus de 65 ans (17,5 % de la population), dont 20 106 centenaires. L'âge moyen de la population est de 40,6 ans à la fin de 2012, contre 36,9 ans en 1991. Il est de 39,1 ans pour les hommes et de 41,9 ans pour les femmes.

La France vieillit cependant moins que les autres pays d'Europe : le taux de dépendance vieillesse (rapport entre le nombre de personnes âgées de plus de 65 ans et le nombre de personnes de 15 à 64 ans) atteindra 39,06 en 2030 contre 38,33 pour l'Europe des 27. En 2050, il atteindra 45,48 en France contre 50,16 dans l'Union européenne, 56,34 en Italie et 58,11 en Allemagne.

En 2030, la tranche de la population âgée de plus de 75 ans aura fortement augmenté, passant de 9 % en 2012 à 12,3 %.

En 2050, près d'un tiers de la population, soit plus de 20 millions de personnes, aura plus de 60 ans. À cette date, la France devrait compter au moins 200 000 centenaires, soit près de dix fois plus qu'aujourd'hui.

Le poids démographique croissant des seniors se traduit par leur domination dans toutes les dimensions de la vie. Ils imposent une politique qui privilégie la lutte contre l'inflation à la lutte contre le chômage, un niveau élevé des retraites et la protection des propriétés au détriment de l'accès à la propriété. La France consacre 13 % de son PIB aux retraites, taux record parmi les pays riches, après l'Italie ; elle est le pays d'Europe où le niveau de vie des retraités est le plus élevé par rapport à celui des actifs, sans compter en plus la différence énorme de la valeur des patrimoines, transmis de plus en plus tardivement.

La souffrance au travail

Selon une enquête européenne sur les conditions du travail (2005), 24,6 % des travailleurs français estiment que leur travail menace leur santé ou leur sécurité ; 25,6 % sont persuadés qu'il les affecte. 23,5 % des actifs occupés déclarent avoir à assurer une quantité de travail excessive ; 34,4 % ont peur au travail ; 2,8 % déclarent être victime de harcèlement moral ou sexuel : 22,6 % estiment travailler avec la hantise de perdre leur emploi.

En 2008, le taux d'incidence des accidents graves du travail est, en France, l'un des plus élevés d'Europe : 3 788 pour 100 000 travailleurs (818 en Irlande et 4 795 en Espagne). En revanche, le taux d'accidents mortels est faible, à 1,8 pour 100 000 (0,9 en Grande Bretagne, 6,3 au Portugal). Au total, les ouvriers ont une espérance de vie inférieure de 6,3 ans à celle des cadres. Chez les femmes, la différence n'est que de trois ans.

Ces données s'expliquent en partie par le fait que la France est le pays le moins syndiqué d'Europe. Le taux de syndicalisation y a même été divisé par quatre depuis soixante ans : proche de 30 % en 1945, il fluctue depuis une dizaine d'années entre 7 et 8 %. Il est trois fois moins élevé dans le secteur privé (autour de 5 %) que dans le secteur public (proche de 15 %), contre 17,7 % en moyenne dans les pays de l'OCDE (15 % en Espagne, 18,1 % en Suisse, 19,1 % en Allemagne, 33,4 % en Italie et plus de 60 % dans les pays scandinaves). Pourtant, neuf salariés sur dix bénéficient d'une convention collective négociée avec les syndicats au nom de l'ensemble des salariés, et non pour leurs seuls adhérents.

Pauvreté et inégalités s'accroissent

La pauvreté, mesurée au seuil de 60 % du niveau de vie médian (soit 964 euros par mois), touche aujourd'hui en France 8,6 millions de personnes, soit 14 % de la population, 1,2 million de plus qu'en 2004. Le taux de pauvreté des moins de 18 ans atteint 19,6 %, celui des personnes immigrées 40,3 % (contre 35,4 % en 2008). Le taux de pauvreté des habitants des zones urbaines sensibles (ZUS) atteint 36,1 %. La pauvreté est liée, pour l'essentiel, au chômage : la proportion des travailleurs pauvres est de 6,2 % (soit 1,5 million de personnes).

9,5 % des enfants vivent dans un foyer dont le revenu est inférieur à la moitié du revenu moyen. Le taux de pauvreté atteint près de 35 % au sein des familles monoparentales.

15 % des Français renoncent à des soins faute de moyens. 3,7 % des adultes n'ont pas accès au système bancaire.

3,5 millions ménages souffrent du froid dans leur logement. Au cours de l'année 2011, 747 000 personnes ont bénéficié de l'aide des banques alimentaires, 1,45 million de celle du Secours populaire français et 870 000 de celle des Restos du cœur. La Croix-Rouge française fournit également une aide alimentaire à 300 000 personnes. Il manque aujourd'hui entre 300 000 et 500 000 places d'accueil pour les enfants de moins de 3 ans.

Le niveau de vie des 10 % de personnes les plus modestes est inférieur à 10 430 euros annuels. Le niveau de vie des 10 % de personnes les plus aisées est supérieur à 36 270 euros annuels. Les 5 % de personnes les plus aisées sont les seules à avoir vu leur niveau de vie progresser entre 2009 et 2010 (+1,3 %). Si, de 1996 à 2010, le niveau de vie moyen des Français a augmenté de 1,4 % par an, celui des 10 % les plus aisés a crû de 2,1 % par an.

Les bonus moyens des 8 200 traders de six banques françaises se seraient élevés à 242 000 euros, s'ajoutant à leur salaire fixe. Le montant moyen de chacun des 10 premiers bonus de quatre de ces banques s'est établi à 4 millions d'euros ; aujourd'hui, la rémunération moyenne annuelle des PDG du CAC 40 est de 4,2 millions d'euros.

Cette inégalité est perçue par les Français : les ouvriers non qualifiés ne gagnent, à leurs propres yeux, que 72 % de ce qu'ils devraient, et les commerciaux, 76 % ; la rémunération des ministres représente 1,78 fois ce qu'elle devrait être selon les Français, et les personnes interrogées avaient proposé comme montant du salaire d'un « PDG d'une grande société » la somme de 70 826 euros... un niveau en réalité bien inférieur à ce qu'il est.

Un nombre croissant de gens se sentent menacés de pauvreté ou de précarité. Selon une étude réalisée en décembre 2012 par l'institut CSA, les trois quarts des Français estiment qu'ils pourraient, eux ou leurs proches, se retrouver un jour en situation de précarité (30 % pensent que ce sera « certainement » le cas, et 45 % que ce sera « probablement » le cas). Ce sentiment d'inquiétude est très fort au sein des catégories populaires (87 %). Si la plupart des répondants déclarent qu'ils feraient appel à leur famille en cas de besoin, 10 % d'entre eux ne sauraient à qui demander de l'aide ; ce pourcentage atteint 18 % dans le cas des ouvriers.

Un aménagement du territoire désastreux

La France n'est qu'en apparence un pays géographiquement harmonieux. En réalité, le choix qu'elle a fait depuis mille ans de refuser de valoriser sa dimension maritime a concentré l'essentiel des richesses dans la région parisienne, elle-même privée de débouchés maritimes nationaux, ce qui profite massivement aux ports d'Europe du Nord.

Comme le montrent très bien Hervé Le Bras et Emmanuel Todd dans *Le Mystère français*, la France des côtes est moins riche que celle de l'intérieur. La France du Sud a perdu pratiquement toute activité industrielle et ses habitants ont moins eu accès à l'enseignement supérieur que ceux de la France du Nord. La part des ouvriers dans la population active est d'environ 30 % dans le Nord de la France, contre 20 % dans le Sud, où la part des artisans et petits commerçants est sensiblement plus élevée que dans le Nord.

Les nouveaux déséquilibres d'aménagement du territoire se manifestent désormais davantage entre les centres villes et les banlieues qu'entre les régions. Même si d'énormes progrès ont été accomplis et sont en cours en faveur de la rénovation urbaine, la qualité et le niveau de vie dans les quartiers restent très inférieurs à ce qu'ils sont dans les autres parties du pays.

Là, les données chiffrées, trop peu connues, sont écrasantes : le taux de chômage est de 22,7 % dans les ZUS, soit plus du double de ce qu'il est dans les autres zones urbaines (9,5 %). Celui des jeunes y atteint 40,7 %. La population vivant en ZUS a un revenu fiscal moyen par ménage qui ne dépasse pas 55 % de celui de son voisin du centre-ville. 11,5 % des adultes résidant en ZUS ne bénéficient pas d'une couverture maladie. Les personnes se déclarant témoins d'actes de délinquance, de destructions ou de dégradations volontaires d'équipements collectifs sont deux fois plus nombreuses dans les ZUS qu'en dehors. Tout se met en place pour que la situation devienne un jour explosive, intolérable.

Le départ des élites

Certes, les Français ont toujours aimé le grand large : soit quand ils ont été chassés du pays (comme les juifs au XIIIe siècle ou les protestants aux XVIIe et XVIIIe) soit qu'ils aient choisi, à la fin du XIXe et au début du XXe siècle, d'aller peupler les colonies. Cela perdure aujourd'hui. Ce départ, s'il est assorti d'un maintien du lien avec le pays et s'il est clairement limité dans le temps, peut se révéler fort bénéfique au rayonnement français. Si, en revanche, il devient une fuite de jeunes refusant de conserver tout lien avec la France, il peut être très néfaste.

Fin décembre 2012, 1,6 million de Français sont officiellement expatriés, dont près de la moitié en Europe occidentale. Plus des trois quarts d'entre eux sont diplômés de l'enseignement supérieur.

La part des chercheurs, ingénieurs et universitaires dans la population d'expatriés français n'a cessé d'augmenter, à un rythme plus élevé que chez nos voisins européens, pour atteindre 27 % sur la période 1996-2006. L'expatriation concerne de plus en plus de domaines, comme les mathématiques, qui semblaient jusqu'ici relativement épargnées. Même si les statistiques ne sont pas particulièrement fiables, le départ des jeunes et des élites non détenteurs de rentes est de plus en plus avéré. Non par crainte des impôts, mais par espoir de fortune.

En 2011, plus de 12 % des diplômés de grandes écoles d'ingénieurs ou de commerce ayant trouvé un emploi exercent à l'étranger ; 35 % des diplômés de Sciences Po-Paris ayant trouvé un emploi l'exerçaient à l'étranger (25 % pour les diplômés de nationalité française). En 2011, 32 % des diplômés de l'Edhec (5ᵉ école de commerce française) exerçaient à l'étranger (contre 12 % au début des années 2000). 23 % des diplômés de grandes écoles cherchent « prioritairement » un emploi à l'étranger. Le nombre de candidatures des volontaires internationaux (VIE) a ainsi crû de 57 % entre 2006 et 2011.

L'expatriation touche désormais les entrepreneurs, en raison d'une fiscalité jugée confiscatoire et d'un environnement peu favorable à l'entreprise. Des entreprises choisissent également de déplacer leurs centres de conception à l'étranger, entraînant le départ de chercheurs et d'ingénieurs qualifiés. Ainsi, en 2011, PSA a choisi de limiter ses effectifs de recherche et développement en France. Renault a également engagé un processus de délocalisation de certaines de ses activités de recherche et développement vers l'Europe de l'Est.

En outre, on accueille très mal les talents venus d'ailleurs, surtout depuis la scandaleuse circulaire Guéant, dont l'abrogation n'a pratiquement encore rien changé du désir des étudiants étrangers de venir en France. Campus France, créé en juillet 2010, pour accueillir les étudiants étrangers bénéficiant de bourses, se révèle à la fois onéreux et peu efficace. Les universités du Mexique, du Chili, d'Arabie saoudite, d'Azerbaïdjan, d'Algérie et de Bolivie ont même renoncé à l'utiliser.

Au total, la France gâche ses immenses chances. Et si on continue comme cela, la crise est encore là, pour longtemps. Peut-être pour toujours.

À moins d'y apporter une réponse profonde et globale, politique et culturelle, la prochaine vague de croissance mondiale, qui ne tardera plus, n'atteindra pas notre pays.

Pourtant, en dépit de tous ces signaux d'alerte, la France refuse de se réformer.

CHAPITRE 4

La France refuse de se réformer

Comment en est-on arrivé là ? Pourquoi a-t-on gâché tant d'atouts ? Pourquoi l'avenir s'annonce-t-il aussi sombre ?

Parce que la France et les Français refusent depuis très longtemps de se réformer. Et qu'il faut en comprendre les raisons, si l'on veut avoir encore quelque chance d'y remédier.

Le refus de la réforme

Le mot « réforme » est en soi trompeur : la « réforme » ne s'identifie pas au « changement ». Le « changement » concerne les mœurs, les modes de vie, les mentalités, les comportements ; tout ce qui résulte de l'accumulation de millions de modifications individuelles et collectives, matérielles et mentales, et qu'on a souvent appelé, de façon vague, « modernisation ». Les changements ne font pas l'objet d'une décision institutionnelle, mais de celles, informelles, de millions de personnes et de milliers de groupes, sans qu'il y ait modification de règle juridique. Ainsi, des Français sont très nombreux à organiser des « changements » et, pour cela, à agir, créer, innover, inventer, remettre en cause des routines, dans tous les domaines, de l'art, de la médecine, de l'éducation, de l'économie, de l'administration, des mœurs. Et au cours des trente dernières années, ces mutations se sont accélérées.

La « réforme », elle, vise, au contraire, pour l'essentiel à la modification de règles juridiques par des institutions publiques. Elle peut ratifier un changement ou le précéder. Elle peut aussi être sans rapport avec des changements.

Selon les points de vue, il peut y avoir de bons ou de mauvais changements ; de bonnes ou de mauvaises réformes. Pour moi, une bonne réforme est celle qui, en organisant la remise en cause des rentes, rend possible une amélioration de la démocratie, de la tolérance, de la culture, du savoir, de la justice sociale, de l'emploi, du bien-être, du niveau de vie individuel et collectif.

Depuis trente ans, la France a considérablement changé, mais elle s'est réformée beaucoup moins vite et beaucoup moins bien que d'autres pays. Elle croit même trop souvent que le changement est un substitut à la réforme. En particulier, l'État est resté figé dans la défense des situations acquises d'innombrables groupes. Les dirigeants politiques, de quelque camp qu'ils soient, n'ont presque jamais osé y toucher, estimant que la situation actuelle était, pour assurer leur survie, le meilleur équilibre possible entre les différents groupes d'intérêt.

La France ne s'est pas réformée depuis 1983

Le dernier moment de réforme en France fut les deux années qui débutèrent à l'été 1981, au cours duquel François Mitterrand entreprit de lancer un ensemble de réformes débattues et mûries à l'occasion des échéances électorales de la décennie précédente.

En mai 1981, il pensa, contre l'avis de la plupart de ses proches, qu'attendre pour agir rendrait les réformes bien plus difficiles encore à mener, parce que sa popularité et celle de sa majorité ne pourraient que se réduire (ce qui se produisit rapidement). Il décida donc de mettre en œuvre sans attendre l'essentiel de son immense programme : abolition de la peine de mort, libération de l'audiovisuel, dépénalisation de l'homosexualité, décentralisation, cinquième semaine de congés payés, renforcement de la prévention des risques du travail, développement des droits d'expression des salariés, élargissement des compétences des comités d'hygiène et de sécurité, retraite à 60 ans, réduction à 39 heures de la durée de travail hebdomadaire, nationalisation de neuf entreprises industrielles au bord de la faillite et d'un système bancaire gangrené par une inflation de 14 % par an, création de l'impôt sur les grandes fortunes, création des zones d'éducation prioritaires, prix unique du livre, création de la fête de la Musique et du festival de bande dessinée d'Angoulême, construction de l'Opéra Bastille, du Grand Louvre, et du Zénith de Paris.

Pour l'essentiel, il s'agit de réformes binaires, accomplies en une fois, et prenant effet immédiatement. Pour quelques autres, il s'agit de réformes longues qui auraient pu capoter à défaut de continuité dans l'action, comme la lutte contre l'inflation, l'édification de l'Opéra Bastille ou la réalisation du Grand Louvre.

Au printemps 1983, presque toutes ces réformes étant faites, ou au moins irréversiblement engagées, eut lieu ce qu'on appelle à tort le « tournant » : il y aurait eu « tournant à gauche » si le président avait décidé la sortie de la France du système monétaire européen, ou « tournant à droite » s'il avait décidé de revenir sur ses principales réformes. Or, ce ne fut ni l'un ni l'autre. On assista seulement à un coup de frein donné à l'augmentation des salaires, pour mieux maîtriser l'inflation et le déficit extérieur, sans remettre en cause aucune réforme ni renoncer au projet d'intégration monétaire européen.

Depuis lors et jusqu'à aujourd'hui, parce que rien de significatif n'a été préparé assez longtemps à l'avance pour que l'opinion s'en saisisse et l'accepte, aucune réforme majeure n'a vu le jour : ni pendant la dernière année du gouvernement Mauroy, qui démissionna le 17 juillet 1984 sur le projet de nationalisation de l'école privée (réforme volontairement sabordée par le président) ; ni pendant le gouvernement de Laurent Fabius, plein d'audaces modernistes, mais qui n'eut pas le temps de mettre en œuvre les réformes de structure auxquelles il pouvait penser, en dehors de celle du marché financier, rendue possible par la formidable désinflation com-

mencée avant lui, la mise en place du scrutin pro-
portionnel pour les élections législatives de 1986, la
signature de l'Acte unique européen et la création
des deux premières chaînes de télévision privées
(Canal+ et La Cinq).

Il n'y eut pas davantage de réformes pendant le
premier gouvernement de cohabitation mené par
Jacques Chirac, à partir de mars 1986. Celui-ci ne
cessa de tenter, en vain pour l'essentiel, de démolir
quelques réformes de structure du gouvernement
Mauroy et n'eut le temps que de privatiser certaines
des firmes et des banques remises en état grâce à
l'argent investi par l'État trois ans plus tôt. Lorsqu'il
tenta d'improviser une réforme des universités, il se
heurta à des manifestations étudiantes, au cours tragique.

On ne vit pas non plus de réformes pendant le
gouvernement qui suivit la réélection de Francois
Mitterrand, à partir de mai 1988, celui de Michel
Rocard, véritable cohabitation à l'intérieur de la
gauche. Il n'institua que la contribution sociale
généralisée (CSG), qui n'est qu'un impôt propor-
tionnel sur le revenu, marquant un recul par rapport
à la progressivité de l'impôt direct ; et le revenu
minimum, qui n'est qu'une institutionnalisation de
la charité. Cependant, ces cinq années permirent à
François Mitterrand de mener à bonne fin les grands
projets qui lui tenaient à cœur, et qu'il n'aurait pu
réaliser en un seul mandat : le Grand Louvre et la
Grande Bibliothèque ; et de négocier avec son allié
allemand l'accord de Schengen, la création de la
Banque européenne pour la reconstruction et le déve-

loppement (BERD), celle de l'euro et la réunification allemande, tout en menant quelques guerres au Tchad, au Liban et en Irak. En revanche, il refusa bien d'autres réformes qui lui furent proposées : par exemple, sur le marché du travail (rémunérer les chômeurs en formation comme des salariés), ou sur les ports (faire enfin de la France une nation maritime, en dotant de grandes infrastructures ses quatre principaux ports, ce qu'il refusa, explicitement pour ne pas avoir à annoncer l'abandon relatif de tous les autres). Preuve, s'il en fallait une, que la France souffre de ce que la nature n'a pas choisi à sa place : l'abondance lui nuit.

Puis vinrent (après deux brefs gouvernements de gauche, dirigés par Édith Cresson et par Pierre Bérégovoy, tétanisés par la perspective de l'échec et gangrénés par quelques scandales), entre 1993 et 1995, deux années de cohabitation entre François Mitterrand et Édouard Balladur ; puis, après l'élection à la présidence de la République de Jacques Chirac, le gouvernement d'Alain Juppé. Ces deux gouvernements de droite ne se caractérisèrent pas par une frénésie réformiste (mise à part l'allongement de la durée de cotisation pour les salariés du privé de 37,5 à 40 annuités) : ils achoppèrent l'un sur la tentative de créer un Smic jeune, et l'autre sur l'échec de l'alignement à 40 annuités de la durée de cotisation des salariés du public sur celle du privé.

Puis vint, à partir de 1997, une troisième cohabitation, cette fois entre un président de droite, Jacques Chirac, et un Premier ministre de gauche, Lionel Jospin. Le gouvernement de gauche ne tira pas argument de la formidable embellie économique de ces années-là (une croissance moyenne annuelle de l'ordre de 3 % pendant cinq ans) pour réformer. Le président et le Premier ministre restèrent tous deux concentrés sur la préparation d'une élection présidentielle dénaturée par la tragique réduction à cinq ans du mandat du chef de l'État, manœuvre politicienne que les deux camps croyaient habile, interdisant en fait toute possibilité d'être provisoirement impopulaire par des réformes.

C'est sous ce gouvernement de gauche, dans un consensus général, que commença, en 2000, la dérive des dépenses publiques, à la hausse, et celle des impôts, à la baisse. Cela se termina, une fois de plus, par la défaite de ceux qui avaient alors en charge le gouvernement de la France, c'est-à-dire par la déroute de Lionel Jospin, absent du second tour de l'élection présidentielle en 2002.

Pendant son second mandat, de cinq ans cette fois, Jacques Chirac régna en roi fainéant, même s'il ne pouvait nourrir aucune ambition de réélection, tout occupé qu'il était à gérer ses propres affaires et à terminer son mandat sans susciter de mécontentements particuliers. Seuls acquis : une modeste réforme des retraites, une passagère réduction des déficits publics, l'interdiction du port de signes religieux ostensibles à l'école et un droit illusoire de chacun à un logement décent et indépendant garanti par l'État. Plus deux autres réformes particulièrement tragiques à mes yeux : une loi durcissant les conditions d'entrée et de séjour des étrangers en France, visant même les talents ; et l'introduction dans la Constitution du principe de précaution, qui entérine l'idée que l'État peut interdire d'innover, si on peut argumenter, même sans preuve, que l'innovation peut avoir un jour fort lointain des conséquences néfastes sur l'environnement.

Puis vint le mandat de Nicolas Sarkozy, élu sur une promesse de « rupture ». Il commença par une agitation médiatique et par des réformes fiscales au profit des plus riches, auxquelles il renonça progressivement au fil de son mandat. Il continua par quelques réformes de structure, la plupart issues d'une commission bipartisane dont il m'avait confié la charge. Elle proposa unanimement plus de 316 réformes visant à libérer le pays de ses rentes et de ses blocages, de ses dettes et de ses injustices. Il en appliqua le tiers (sur la gouvernance des universités, le statut d'auto-entrepreneur, la représentativité syndicale, le licenciement à l'amiable, le droit de la concurrence, le statut des grutiers et portiqueurs des ports) ; il en reprit un autre tiers, plus audacieux, dans son programme électoral de 2012 (dont le remplacement des charges sociales par une hausse de la TVA et la réforme de l'école primaire) ; il en refusa l'essentiel (la réforme de l'État, la numérisation de l'administration, la réduction des dépenses publiques, la formation professionnelle des chômeurs, la suppression des départements, la remise en cause du principe de précaution, l'ouverture des professions réglementées, la réforme des hôpitaux et de la médecine, la réforme du financement de la santé, la réforme du marché du logement, le Grand Paris et les ports). Sa réforme de la carte judiciaire et du Conseil supérieur de la magistrature fut audacieuse. Sa réforme des collectivités locales ajouta une nouvelle couche d'organisation : la métropole, pour les regroupements de plus de 500 000 habitants, en accordant à chaque collectivité le droit de se saisir de tout sujet. Il continua, comme son prédécesseur, à réduire les impôts et à augmenter les dépenses publiques.

Vite pris dans la bourrasque de la crise du système financier mondial, il géra remarquablement bien la présidence française de l'Union européenne, participa, du mieux qu'il put, à la création de l'inutile G20, géra avec audace les crises en Géorgie et en Libye. Mais il choisit, comme les autres dirigeants du G8 de l'époque, de laisser filer les déficits publics et le ratio dette/PIB, à des niveaux stratosphériques, alors même que le montant déjà atteint par la dette publique était une des causes, avec l'endettement privé excessif, de cette crise : le remède à l'overdose consista donc à accorder de nouvelles doses aux drogués. Sans s'occuper du sujet central : l'insuffisance des fonds propres des banques.

Nicolas Sarkozy écarta alors, à partir de 2009, toute idée de réforme, en attendant sa réélection. Il réduisit l'ambition du Grand Paris à un grand métro ; il désigna les étrangers comme des cibles et l'Europe comme un bouc émissaire. Son ministre de l'Intérieur entreprit même de chasser de France les plus brillants des étudiants étrangers. La circulaire du 31 mai 2011 donnait aux préfets l'objectif de limiter à 180 000 le nombre d'immigrés légaux par an, en écartant plus particulièrement les 30 000 jeunes diplômés étrangers d'universités françaises désireux de poursuivre leur carrière en France ; des diplômés très qualifiés (ingénieurs, médecins, docteurs, commerciaux), recrutés par des entreprises françaises, furent reconduits à la frontière. À cause de cette circulaire, la France fut immédiatement reléguée au cinquième rang pour l'accueil des étudiants étrangers, derrière l'Allemagne et l'Australie, qu'elle devançait encore en 2008. Elle y est encore.

Au total, dans la droite ligne de ses prédécesseurs, Nicolas Sarkozy augmenta tant les dépenses publiques et baissa tant les impôts que, sous son mandat, la dette publique gonfla de 600 milliards d'euros, sous prétexte d'atténuer les effets de la crise, qui ne le furent évidemment pas. Et il fut battu, comme tous ses prédécesseurs.

Puis commença le mandat de Francois Hollande, qui n'avait pas promis monts et merveilles, mais deux années difficiles. Il accomplit quelques réformes promises, tout à fait nécessaires, mais qui ne pouvaient qu'être impopulaires. Pour réduire de 2 points de PIB en un an le déficit structurel du pays, il porta la fiscalité au niveau le plus élevé d'Occident (57 % pour les revenus du travail, 62 % pour les revenus du capital, 75 % pour les salariés les mieux payés) et réduisit de 6 % le coût du travail le moins qualifié ; il décida d'une réforme du marché du travail, de la désindexation des retraites, de l'allongement de la durée des cotisations, de la dégressivité des allocations familiales, d'une réforme des rythmes scolaires. Il mit en place une loi bancaire, il réforma la fiscalité des revenus et des plus-values, d'abord contre, puis pour les entrepreneurs. Il eut aussi à tenir quelques promesses : création d'une banque publique d'investissement et des contrats d'avenir, légalisation du mariage de deux personnes du même sexe. Il eut enfin à mener une guerre au Mali et à rendre transparents les patrimoines de ses ministres, à la suite d'un scandale touchant l'un de ses ministres. Toutes ces mesures, pour la plupart très impopulaires, ne lui ont pas permis, pour l'instant, de réduire le chômage, de toucher à aucune des rentes ni à aucun des privilèges qui minent le pays ; ni de livrer une vision claire de son projet, en indiquant là où il voudrait conduire le pays en Europe, avec ou sans l'Europe. À cela se sont ajoutés d'innombrables couacs, quelques scandales, de nombreuses contradictions, de minuscules privilèges et quelques rentes renforcées. De cette insuffisance des réformes, de cette illisibilité du projet et de la montée du chômage découle une exceptionnelle impopularité, qui semble le sort naturel de tout dirigeant français après un an de mandat.

Nous en sommes là. Le passage d'un monde à un autre, d'une société de la rente à une société du mouvement, d'une société égoïste à une société altruiste est à peine esquissé. Depuis trente ans, alors que le vent de la mondialisation souffle de plus en plus fort et que la concurrence se fait chaque instant de plus en plus exigeante, la France va de cohabitation en cohabitation, sans s'adapter ni économiquement, ni socialement, ni politiquement, ni écologiquement, ni géopolitiquement. Sans mener des réformes chocs, binaires, comme celles de 1981, ni des réformes longues, obstinées, exigeant de s'appliquer dans la durée. Chaque dirigeant se contentant de veiller à ne pas imposer à ses électeurs le poids de l'indispensable remise en cause des avantages acquis, mais achetant leurs suffrages par l'augmentation des dépenses publiques et la baisse des impôts.

Ce qui n'a pas empêché tous les gouvernants, depuis 1981, de perdre toutes les élections nationales suivant leur propre élection.

CHAPITRE 5

La France n'avance que par des révolutions

Pour mieux comprendre ce qui nous attend et ce qu'il convient de faire, il faut d'abord tirer une première leçon de ce qui précède : la réforme, c'est-à-dire le changement progressif, décidé et poursuivi dans le cadre d'institutions stables, n'est pas une tradition française. Aussi loin que l'on remonte, la France ne se réforme jamais, mais fait parfois la révolution. Et quand elle la fait, c'est souvent en faveur des extrêmes, d'abord à gauche, puis à droite. Ou plus exactement en faveur des rentiers de chaque camp. Parfois, des réformes survivent aux révolutions et aux contre-révolutions qui les suivent. En subsistent des amertumes et des crispations. Il arrive de temps en temps que le pays parvienne à maquiller une révolution en réformes, en adoptant brutalement un ensemble de mesures, selon le tempo révolutionnaire, mais dans le cadre des institutions démocratiques. Cela n'en reste pas moins une révolution.

Il ne faut pas s'en étonner : dans les pays où le pouvoir appartient aux marchands et aux marins, on réforme. Dans ceux où il est aux mains des propriétaires fonciers et des soldats, on fait la révolution.

Pour comprendre les enjeux d'aujourd'hui, il est essentiel de tirer les leçons de l'histoire des réformes manquées du passé et des révolutions qui en ont découlé. Pour essayer de discerner si, faute de réformes, la France connaîtra bientôt une nouvelle secousse révolutionnaire, puis son pendant contre-révolutionnaire.

Faut-il aujourd'hui continuer à vouloir la réforme, ou bien faut-il espérer, redouter peut-être, une révolution ?

Réformes et révolutions depuis 1780

La France est secouée à intervalles réguliers, quasi métronomiques, par des révolutions, préparées et mûries pendant de longues périodes de conservatisme et parfois suivies par des contre-révolutions qui abolissent une partie de ces réformes. Chaque fois, il s'est agi de mettre fin à des rentes, à des corporatismes, à des blocages. Chaque fois, des révolutions ont suivi l'avortement de réformes progressives.

De fait, sans remonter plus loin que l'avant-dernière décennie du XVIIIe siècle, bien des projets de réforme furent mis sur la table. Aucun ne fut appliqué sans révolution. Ils demeurent, pour la plupart, d'une incroyable actualité. Parce qu'ils concernent, pour l'essentiel, le même sujet lancinant : le combat contre les rentes et leur forme extrême, les privilèges.

Jacques Turgot, baron de l'Aulne, est nommé contrôleur général des Finances en 1774, à un moment où la lutte pour le pouvoir économique mondial se joue entre les Pays-Bas et la Grande-Bretagne. Il est confronté à des défis que nous connaissons bien encore aujourd'hui : réduire la dette publique, en diminuant les dépenses, sans augmenter les impôts et en relançant la croissance par la suppression de rentes et de privilèges. Il engage à cette fin un vaste programme de réformes : libéralisation des prix du blé, suppression des douanes intérieures, remplacement de la corvée royale (destinée à l'amélioration et à l'entretien du réseau des routes royales) par une imposition sur toutes les propriétés, y compris les propriétés foncières nobiliaires, suppression des corporations, des maîtrises et des jurandes, suppression progressive de la vénalité des charges d'officiers. Mais de mauvaises récoltes provoquent une hausse du prix du blé, entraînant en 1775 la « guerre des Farines ». L'année suivante, l'opposition des notables pousse Turgot à la démission.

Il est remplacé par un banquier genevois, Jacques Necker, nommé directeur du Trésor le 22 octobre 1776, avant de devenir directeur général des Finances en juin 1777. Hostile aux idées libérales de Turgot, il propose d'autres réformes, tout aussi impopulaires : il réduit les dépenses publiques, dont celles de la Cour ; il réforme l'administration fiscale en remplaçant les détenteurs d'offices inamovibles par des employés révocables et crée des assemblées provinciales afin de limiter le pouvoir extra-judiciaire des parlements et des intendants. En janvier 1781, il publie un *Compte rendu au roi* où il expose de manière détaillée et pour la première fois publique les recettes et les dépenses de l'État, donnant même la liste et le montant des pensions versées aux nobles. Première transparence des revenus des puissants. La Cour, les nobles, les parlements s'emploient alors à le déconsidérer aux yeux de Louis XVI, et il doit démissionner en mai 1781. La situation se dégrade au point que Necker, rappelé en 1788, obtient la convocation des états généraux avec le doublement du nombre de députés du tiers-état, dans l'espoir qu'ils décideront de ses réformes, sans prévoir qu'ils entraineront, de fait, une révolution, l'abolition des privilèges et des rentes dans la nuit du 4 août 1789, la loi Le Chapelier et la vente des biens de l'Église et de la noblesse.

Il faut ensuite attendre l'Empire pour que soient mises en œuvre l'essentiel des réformes proposées par Turgot et Necker et instaurée une nouvelle division du territoire, où des préfets sont les représentants du gouvernement central. L'empereur Napoléon Ier créé aussi lycées et universités, invente la Légion d'honneur et fonde la Banque de France, qui met en circulation le franc germinal. Le Code civil organise l'égalité devant la loi et garantit la propriété individuelle, en donnant tout pouvoir aux patrons : l'article 1781 reconnaît que, en matière de paiement du salaire, la charge de la preuve incombe au salarié.

Avec la défaite de la France et les débuts du siècle britannique vient la contre-révolution de la Restauration, qui entérine cependant une partie de l'œuvre révolutionnaire et impériale : une certaine égalité devant la loi, quelques libertés individuelles, la liberté de travail et de commerce, la suppression des corporations, le Code civil, l'administration centralisée (avec des départements, des préfets, des juges fonctionnarisés), le franc, la Légion d'honneur et l'Université.

Mais, fidèle à la tradition rentière française, la Restauration rétablit l'essentiel des privilèges, biens et rentes de l'Ancien Régime, à un moment où le marché et le profit prennent définitivement le pouvoir dans presque tout le reste de l'Europe. Sous le règne de Charles X, la richesse foncière et le cléricalisme se renforcent et étendent leur contrôle sur l'université, l'administration et l'armée. Après les Trois Glorieuses et la révolution de 1830, par laquelle un roi des Français remplace un roi de France, Alexis de Tocqueville donne dans ses *Souvenirs* une description encore étonnamment actuelle et sévère de l'humeur publique : « L'esprit particulier de la classe moyenne devint l'esprit général du gouvernement ; il domina la politique extérieure aussi bien que les affaires du dedans : esprit actif, industrieux, souvent déshonnête, [...] modéré en toutes choses excepté dans le goût du bien-être, et médiocre ; esprit qui, mêlé à celui du peuple ou de l'aristocratie, peut faire merveille, mais qui seul, ne produira jamais qu'un gouvernement sans vertu et sans grandeur. »

Aucune réforme ne se fait sous le nouveau monarque, Louis Philippe. Les républicains réclament alors celle du mode électoral pour que le suffrage devienne universel. Ils entament en 1847 une campagne de banquets, puisque les autres manifestations publiques sont interdites. Tocqueville écrit encore, avec sa lucidité impitoyable, qui vaut, une fois de plus, pour la situation actuelle : « Le pays était alors divisé en deux parts ou plutôt en deux zones inégales : dans celle d'en haut, qui seule devait contenir toute la vie politique de la nation, il ne régnait que langueur, impuissance, immobilité, ennui ; dans celle d'en bas, la vie politique, au contraire, commençait à se manifester par des symptômes fébriles et irréguliers, que l'observateur attentif pouvait aisément saisir. » Quelques mois plus tard, le 29 janvier 1848, Tocqueville s'adresse ainsi à la Chambre : « On dit qu'il n'y a point de péril, parce qu'il n'y a pas d'émeute. [...] je crois que nous nous endormons à l'heure qu'il est sur un volcan, j'en suis profondément convaincu [...]. Ce n'est pas le mécanisme des lois qui produit les grands événements, messieurs, c'est l'esprit même du gouvernement. [...] Pour Dieu, changez l'esprit du gouvernement, car, je vous le répète, cet esprit-là vous conduit à l'abîme. »

Après la crise financière de 1848 éclate, comme Tocqueville l'a prévu, une nouvelle révolution. Elle se termine, une fois de plus, par un coup d'État, en 1852. Le nouvel empereur Napoléon III entreprend alors, avec beaucoup de retard sur les villes italiennes, flamandes et sur la Grande-Bretagne, principale puissance du moment, les premières réformes en faveur de l'économie de marché : le nombre de kilomètres de voies ferrées est multiplié par 6 entre 1852 et 1870. L'industrie s'éveille. La force motrice des machines à vapeur triple. La production de fonte et d'acier est multipliée par 3,5 ; l'industrie textile se modernise. La chimie (colorants, parfums) se développe. Napoléon III importe en France le concept de banque de dépôt à l'anglaise (et des méthodes modernes telles que le chèque et la *clearinghouse*). Le Crédit foncier et le Crédit mobilier sont créés en 1852, puis le Crédit industriel et commercial, première banque de dépôt en France, ainsi que le Crédit lyonnais. Les droits de douane sont abaissés avec l'Angleterre, puis avec le reste de l'Europe. Paris est agrandi et modernisé ; deux expositions universelles (1855 et 1867) sont organisées, vitrines de l'essor des sciences et de l'industrie. La France devient, pour une brève période, la deuxième puissance industrielle mondiale.

La circulation des informations s'accélère brutalement grâce au télégraphe ; on passe de 9 000 dépêches en 1855 à 3 millions en 1867. On s'intéresse enfin aux ports et, en particulier, à celui de Marseille, qu'on modernise sur le modèle anglais (industrialisation de la manutention de marchandises avec des grues fonctionnant à vapeur), provoquant la colère des dockers ; on crée la Compagnie générale transatlantique. La France s'ouvre alors à la conquête coloniale ; la Compagnie des chemins de fer du PLM (Paris, Lyon, méditerranée) prend en charge les lignes maritimes en direction de l'Orient et de l'Amérique du Sud. La nouvelle classe ouvrière se heurte à la noblesse foncière, devenue industrielle.

Une nouvelle fois, la révolte gronde : une commission élue par des délégués ouvriers est élue et siège pendant deux ans, créant des chambres syndicales, des assurances facultatives sur la vie et contre les accidents du travail et abrogeant de l'article 1781 du Code civil selon lequel, en matière de paiement du salaire, la charge de la preuve incombe au salarié.

Ces mesures ne suffisent pas ; les inégalités s'aggravent ; la nouvelle classe ouvrière prépare grève sur grève.

À l'automne 1870, la guerre contre l'Allemagne sert de détonateur au déclenchement d'une révolution à Paris : la Commune. En mars 1871, elle propose des réformes « qui feront cesser l'antagonisme des classes et assureront l'égalité sociale » : « l'émancipation des travailleurs », qui doit être garantie par « l'organisation du crédit, de l'échange, de l'association, afin d'assurer au travailleur la valeur intégrale de son travail » ; « l'instruction gratuite, laïque et intégrale » ; « le droit de Réunion et d'Association, la liberté absolue de la Presse, celle du citoyen ». Elle veut une démocratie locale par « l'organisation au point de vue municipal des services de police, de force armée, d'hygiène, de statistique, etc. » et nationale par « la reconnaissance et la consolidation de la République, seule forme de gouvernement compatible avec les droits du peuple et le développement régulier et libre de la société [...]. La révolution communale inaugure une ère nouvelle de politique expérimentale, positive, scientifique. C'est la fin du vieux monde gouvernemental et clérical, du militarisme, du fonctionnarisme, de l'exploitation, de l'agiotage, des monopoles, des privilèges, auxquels le prolétariat doit son servage, la patrie ses malheurs et ses désastres ».

La Commune met en œuvre certaines de ces réformes dans la capitale même : réorganisation des services publics, réforme de l'éducation visant à la rendre obligatoire, à garantir sa gratuité et sa laïcité, gratuité de la justice rendue par des magistrats élus, fin de la vénalité de certaines charges (notaires et huissiers notamment), égalité des salaires hommes-femmes, mesures en matière de logement, fin du travail de nuit dans les boulangeries et des retenues sur salaire pratiquées par les employeurs, et reprise des ateliers par des coopératives ouvrières.

Quelques semaines plus tard, la révolution échoue sur une sanglante contre-révolution, un coup d'État de droite, qui installe la IIIe République. Celle-ci prend des mesures esquissées sous la Commune et d'autres, réclamées depuis au moins trente ans : droit de vote pour tous les hommes (mais pas encore pour les femmes), abolition de l'inamovibilité sénatoriale, élection des conseillers municipaux au suffrage universel, liberté de la presse, droit de réunion, droit de grève et d'association, laïcité, séparation des Églises et de l'État, école gratuite et obligatoire de 6 à 13 ans pour les enfants des deux sexes, droit au divorce, limitation de la journée de travail à 10 heures.

Le dernier tiers du XIXe siècle est marqué par une période de profonds changements : le règne du profit apparaît, avec mille ans de retard sur la Flandre et alors qu'il prévaut depuis deux siècles en Grande-Bretagne. On assiste à un fort développement industriel et à un début de migration rurale, avec l'instauration des premiers systèmes d'assistance sociale. Ont lieu l'inauguration du canal de Suez (1869), la mise au point d'une automobile à vapeur par Amédée Bollée (1873), de la soie artificielle par Hilaire de Chardonnet (1884) et du cinématographe par les frères Lumière (1895). Sont organisés les premiers transports d'électricité sur de longues distances par Marcel Deprez (1876) ; sont découvertes la radio-conduction par Édouard Branly (1890) et la radioactivité par Henri Becquerel (1896), sans oublier les expositions universelles à Paris (1878, 1889, 1900). La France laisse cependant passer les grandes innovations industrielles, qui sont développées en Grande-Bretagne, en Allemagne et aux États-Unis.

Quelques grandes familles d'industriels (Schneider, Wendel) et quelques grandes entreprises (telles que Saint-Gobain ou Péchiney) coexistent avec de très nombreuses petites firmes : en 1896, moins de 1,5 % des établissements industriels comptent plus de 50 salariés. Les industries sidérurgique et métallurgique connaissent un vif essor ; la production de fonte augmente d'un million de tonnes entre 1869 et 1896, pour atteindre 2,3 millions de tonnes, et la production d'acier fait plus que décupler sur la même période. L'augmentation de la production de charbon (de 16 à 34 millions de tonnes entre le début des années 1870 et 1900) ne suffit pas à répondre à la demande (qui passe de 23 à 56 millions de tonnes sur la même période). Les réseaux se développent : le plan Freycinet de 1879 prévoit la construction de 18 000 kilomètres de voies ferrées et l'aménagement de 10 000 kilomètres de voies navigables ; puis réseau de télécommunications, réseau électrique, réseau téléphonique. La rente recule un peu. Les mœurs changent, avec les modes, la peinture, la musique et la littérature.

Mais ces évolutions ne suffisent pas à faire face à la montée de la concurrence venue de l'Allemagne et des États-Unis. Vers 1900, la France, deuxième puissance industrielle mondiale sous Napoléon III, se classe désormais au quatrième rang.

Puis, c'est au tour de la Grande-Bretagne, qui craint surtout la concurrence allemande, de s'effacer économiquement, financièrement et politiquement, derrière les États-Unis d'Amérique, où le profit et le marché règnent en maîtres. En 1907, une crise financière aurait pu déboucher sur une extension de la mondialisation et des progrès en matière de démocratie. Mais elle conduit au protectionnisme, à une Première Guerre mondiale, qui fait, en France, 1,4 million de morts et de disparus et 4,3 millions de blessés, et ruine les trois grandes puissances européennes, laissant le champ libre à l'Amérique. Jusqu'à ce que survienne une nouvelle crise mondiale majeure à partir d'octobre 1929.

En 1935, la production industrielle française a chuté d'un quart par rapport à 1929. Le cours des actions a chuté de 60 %. Le déficit budgétaire atteint 10,5 milliards de francs et on compte près de 500 000 chômeurs, soit 5 % de la population ; 175 000 travailleurs quittent la France.

La crise amène au pouvoir, en 1936, le Front populaire, qui tente, une nouvelle fois, de lancer de vastes réformes, vite interrompues par les forces conservatrices, puis par une Seconde Guerre mondiale, qui se traduit en France par une rapide débâcle et par la collaboration avec l'ennemi.

En 1945, un gouvernement d'union nationale, issu des forces qui ont eu le courage de résister à l'envahisseur, ose des réformes majeures, mûries elles aussi depuis très longtemps, et qui trouvent même leur source, pour certaines d'entre elles, jusque dans les revendications de la Commune : droit de vote des femmes, mise en place d'un réseau coordonné de caisses d'assurance sociale, création des comités d'entreprise, nationalisation des houillères, des usines Renault, des sources d'énergie, de la Snecma, des transports aériens, de la Banque de France et des quatre principales banques de dépôt et de crédit.

En 1958, après une quinzaine d'années marquées par un conservatisme institutionnel, par une pénible décolonisation vécue comme une nouvelle défaite, par une très forte croissance économique et de l'inflation, par l'insignifiance du chômage (moins de 2 % de la population active), un autre coup d'État permet de réaliser de nombreuses réformes, pensées elles aussi depuis longtemps : une nouvelle constitution, suivie d'une élection au suffrage universel du président de la République, la création d'un nouveau franc, l'élévation à 16 ans de l'âge de l'instruction obligatoire, l'égalité juridique de l'homme et de la femme, la création de l'ANPE.

Une fois encore, cette période de changement rapide laisse la place à une autre période de conservatisme, puis à un nouveau moment de réforme majeure, en 1981, dernière révolution avant aujourd'hui.

Pendant ce temps, les mœurs changent

Pendant toutes ces périodes de combats politiques et institutionnels, et malgré tous les conservatismes, les mœurs évoluent lentement, puis à grande vitesse. Ainsi en va-t-il de la famille, des valeurs, des modes de vie.

Ailleurs, ces évolutions épousent un cours plus régulier. En France, elles sont quasi révolutionnaires, au sens où elles se généralisent brutalement après une longue période de réticences ou de résistance.

La France, rurale par construction, devient ainsi brutalement urbaine : la part de la population vivant en ville, qui n'est passée que de 12,9 % en 1800 à 35,4 % en 1900, augmente beaucoup plus vite par la suite : 56,2 % en 1950, 78 % en 2012. Cette mutation accélère un basculement des valeurs, car la ville est plus sensible que la campagne à celles du changement : même s'ils sont, à l'image de leurs ancêtres paysans, très attachés à la propriété du sol, les citadins sont plus ductiles et plus proches, dans leur esprit, des marins. Devenus individualistes, ils sont même plus prompts à réclamer l'évolution des mœurs.

Les mœurs évoluent aussi, en France, selon les mêmes règles immuables : longue maturation, puis évolution brutale. Le nombre de mariages passe de 400 000 par an en 1974 à 250 000 en 2011. Le nombre de divorces passe de 9 690 en 1900 à 38 949 en 1970, pour croître ensuite très rapidement jusque

129 802 en 2011. La proportion des naissances hors mariage, restées longtemps au niveau de 5,9 % des naissances, explose à partir de 1986, atteignant 20 %, puis 30 % en 1990, 40 % en 1997, 50 % en 2008 et 54 % en 2010. La part d'individus allant régulièrement à la messe le dimanche passe de 27 % en 1952 à 20 % en 1966, 14 % en 1978, avant de s'effondrer à 6 % en 1987 et 4,5 % en 2006. Au lieu de 1500 ordinations sacerdotales par an entre 1900 et 1939, on passe à moins de 200 depuis 1975. Et moins encore aujourd'hui.

Pareilles évolutions se manifestent également dans le monde de la consommation. Dès que 10 % de la population dispose d'un objet ou d'une conquête sociale, ou fait le choix d'une esthétique ou d'un comportement, tout le monde aspire à l'adopter et finit par l'acquérir, ainsi du téléphone portable, de l'ordinateur ou, au contraire, de la disparition des bistrots.

Aujourd'hui, la révolution gronde à nouveau

Nul besoin d'être grand clerc pour percevoir qu'aujourd'hui le pays se trouve, à nouveau, au bord de grandes secousses. D'innombrables frustrations, des peurs diverses, des colères multiples et contradictoires, des réformes manquées, des besoins non satisfaits, des frustrations se font partout sentir. Les Français remâchent leur mécontentement. Pour l'instant, chacun dans son coin, chacun à sa manière. Les uns n'en pouvant plus de n'avoir ni emploi valorisant ni logement décent, voire ni logement ni emploi. Les autres, furieux de risquer de perdre petits ou grands privilèges. Beaucoup s'estiment victimes de la mondialisation et certains sont désormais prêts à se battre, jugeant qu'ils n'ont plus rien à perdre. Tous sont angoissés à l'idée de n'avoir peut-être plus, un jour, les moyens de financer leur santé, leur retraite, leur logement, leur nourriture ou la scolarité de leurs enfants. En outre, la crise géopolitique leur montre que la longue parenthèse de paix en Occident (plus de quarante-cinq ans sans guerre, fût-elle coloniale) pourrait se refermer.

Certes, la situation n'est pas encore absolument tragique : le taux de chômage est très inférieur à celui de l'Italie ou de l'Espagne, pour une économie qui est encore la cinquième du monde. Le déficit budgétaire n'est que de 4 %, à comparer aux 7,4 % des Britanniques. Le ratio dette publique/PIB est inférieur à celui de l'Italie. Et les Français, conscients de leur richesse relative, ne se plaignent pas trop fort. Il n'empêche, ils en ont assez, et le reprochent d'abord tout naturellement à leur président.

Face à cette conjoncture critique, les élus réformistes, aujourd'hui au pouvoir ou dans l'opposition, sont enlisés dans des affaires judiciaires ou dans des oppositions factices, et n'osent ni agir seuls ni s'allier de peur de faire le jeu des extrêmes. Deux « Fronts » se retrouvent alors peu à peu sur un programme commun, encore implicite, proposant de revenir sur tous les acquis de l'ouverture des frontières, d'en finir avec l'euro, désignant des responsables là où il faudrait chercher des causes. Pour ne pas être en reste, beaucoup dans les partis de gouvernement, de gauche comme de droite, se laissent gagner par ces discours et reprennent ces thèmes à leur compte.

Parce que la compétition dérange, le pays s'installe dans un déni de réalité.

Parmi ceux qui ont le plus de raisons d'être déçus et en colère, il y a les jeunes : ils commencent à comprendre qu'ils auront à payer la triple dette que leur laisse la génération triomphante des baby-boomers : la dette publique qu'il faudra rembourser ; leurs retraites qu'il faudra financer ; et le dérèglement climatique qu'il faudra supporter.

Quand ils prendront vraiment conscience que les hommes politiques de tous les partis ont servi, et servent encore, avant tout, les intérêts de ces générations bénies des cieux, quand ils réaliseront que les syndicats servent d'abord les intérêts de ceux qui ont un emploi, les jeunes ne se contenteront pas d'un vote de protestation : ils quitteront le pays ou descendront dans la rue. La révolution commencera. À moins que, partant en très grand nombre, ils laissent un pays vidé de toute force vitale, même plus capable d'un sursaut révolutionnaire, en proie à un lent, tranquille, serein endormissement.

CHAPITRE 6

Tous les Français, sans exception, sont responsables de cette situation

Si la situation est celle-là, si l'avenir est si sombre, les Français ne peuvent se contenter d'en vouloir à leur président, à leur gouvernement, à leurs élus. Pas davantage seulement aux marchés, aux banquiers, aux multinationales, aux syndicats, aux patrons, aux fonctionnaires, à l'Europe et à tous les autres boucs émissaires qu'ils ont pris l'habitude de désigner, l'un après l'autre, pour se délester de leurs propres responsabilités.

Certes, la situation décrite plus haut relève d'abord de la responsabilité des puissants : l'exécutif précédent par son laxisme et son vibrionisme, l'actuel par ses contradictions et ses incertitudes ; les partis politiques par leur manque de courage ; les patrons par leur égoïsme ; les syndicats par leur étroitesse de vues. Et tant d'autres, qui, ayant fort à perdre à la modernisation du pays, font tout pour l'entraver.

Même si le constat est difficile à admettre, même si chacun de nous s'estime impuissant face aux principaux enjeux du monde, victime des grandes forces qui agitent l'histoire, notre sort n'est pas entièrement déterminé par d'autres, si puissants soient-ils.

Même si l'histoire est jalonnée d'exemples de talents broyés par les gens d'en haut et de peuples qui se sont laissé aller au déclin, elle l'est aussi de gens venus de nulle part qui ont réussi à forcer le destin et de peuples qui ont su réagir à temps, contre ou avec leurs dirigeants, face à des menaces en apparence fatales.

Si l'on veut emprunter le « chemin d'éveil » que j'appelle ici de mes vœux, il faut d'abord comprendre en quoi nous sommes *tous* responsables, de par l'idéologie dominante à laquelle nous souscrivons explicitement ou implicitement ; puis en quoi *chacun de nous* est responsable, du fait des situations de rentes que nous nous obstinons à protéger.

Nous sommes tous responsables : le « principe de précaution sociale »

Quelle que soit notre place dans la hiérarchie sociale, nous sommes tous responsables quand nous préférons notre confort du moment à un investissement en temps et/ou en argent en faveur de l'avenir ; quand nous préférons les loisirs à la formation ; les vacances à l'amélioration de notre travail ; quand, calfeutrés dans ce confort éphémère, nous refusons de penser à l'impact de notre propre situation sur l'évolution à long terme de notre famille, de notre collectivité, du pays ; quand nous préférons la sécurité à l'audace, la précaution au risque ; quand nous rechignons à admettre qu'aider les autres est conforme à nos propres intérêts ; quand nous cherchons à ne pas payer l'impôt, à ne pas nous conformer aux lois ; quand nous ne faisons pas d'emblée confiance aux autres ; quand nous préférons perpétuer une rente de situation, fût-elle modeste, plutôt que nous ouvrir à la concurrence ; quand nous négligeons de respecter l'environnement ; quand nous refusons, en tant que consommateurs, de tenir compte de notre intérêt en tant que producteur ; quand nous préférons interdire à d'autres l'accès aux avantages dont nous jouissons, plutôt que leur ouvrir les mêmes droits ; quand nous remettons à plus tard un changement de comportement parce que nous pensons que la solution viendra des autres ou de l'État, sans que nous ayons à fournir d'efforts ; quand nous nous résignons à une défaite sans réagir ni rebondir ; quand nous considérons les injustices comme inéluctables ; quand nous croisons des sans-abri sans nous indigner ; quand nous réclamons des libertés que nous refusons aux autres ; quand nos voisins souffrent et que nous préférons détourner les yeux ; quand nous dénigrons d'autres Français et notre pays devant des étrangers ; quand nous parlons une autre langue que le français là où le parler est possible, en France comme à l'étranger ; quand nous blâmons les responsables politiques de tous nos propres défauts.

Ne dites pas que vous ne l'avez jamais fait. Nous avons tous succombé à de tels comportements.

La situation actuelle de la France est d'ailleurs le résultat de cette connivence générale, de la conjonction de toutes ces paresses mentales et morales, de ces négligences, de cet esprit de rente ; plus géné-

ralement, de cette volonté de chacun de faire jouer
à tout moment un tragique « principe de précaution
sociale » qui résume à lui seul le pire côté de l'idéologie française : ne rien changer de peur de perdre
le peu qu'on a.

Ce principe constitue la marque de fabrique des
nations en déclin ; il nous perdra si nous n'avons pas
le courage de nous arracher à cet engourdissement.
Et si chacun de nous n'accepte pas de renoncer à la
rente qui le définit et le protège.

Chacun de nous est responsable : les rentes

Au-delà de cette idéologie générale, chaque Français ou presque, quel que soit son statut social, protège une ou plusieurs rentes. Chacun ou presque
est en quête de ce que le pays peut lui apporter, non
de ce qu'il peut lui apporter. À l'exception, évidemment, des plus fragiles, c'est-à-dire de ceux, moins
nombreux qu'on ne le croit dans une démocratie,
qui n'ont vraiment aucun moyen de peser sur leur
destin et sur celui de la collectivité à laquelle ils
appartiennent.

La liste de ces responsables est, sous ce jour, fort
longue : des ministres (pas tous) qui n'osent pas, de
peur de déclencher une manifestation, engager une
réforme ; des parlementaires (pas tous) hostiles à la
modification de leur nombre, de leur statut ou la
remise en cause de l'inutile empilement des collectivités territoriales ; des patrons (pas tous) qui préfèrent s'accrocher à un monopole plutôt que de jouer

le jeu de la concurrence ; des actionnaires (pas tous) qui ne veulent pas réduire leurs exigences de profit immédiat, même si c'est pour investir dans l'intérêt à long terme de l'entreprise ; des syndicats (pas tous) qui défendent leur appareil plutôt que leurs missions, et qui préfèrent en particulier négocier avec les patrons de menus avantages, pour eux ou leurs mandants, plutôt que de former des chômeurs ; des salariés du privé (pas tous) qui s'accrochent à un emploi technologiquement dépassé plutôt que de se former à un autre ; des fonctionnaires (pas tous) qui se cramponnent à un statut garanti, oubliant que le financement de leur revenu et de leur retraite constitue un endettement pour la collectivité ; des salariés d'entreprises ou d'administrations publiques (pas tous) partant à la retraite à 50 ans sans la moindre vergogne ; des intermittents du spectacle (pas tous) indemnisés pour ne pas travailler ni se former ; des retraités (pas tous) qui accumulent les privilèges au détriment de ceux qui travaillent ; des chômeurs (pas tous) qui préfèrent leurs allocations à la recherche d'un emploi ; des enfants (pas tous) qui refusent d'apprendre sous prétexte que leurs parents sont là pour veiller à leur avenir ; des étudiants (pas tous) qui refusent de choisir des études ingrates ou difficiles, et ne rêvent que de sécurité de l'emploi. Des propriétaires fonciers (pas tous) qui, sans avoir travaillé, par héritage pour l'essentiel, disposent d'un patrimoine et des revenus qu'ils en tirent ; des propriétaires immobiliers (pas tous) qui bénéficient des règles limitant le droit à construire, fabriquant ainsi artificiellement une rareté de logements ; des commerçants (pas tous) qui s'inquiètent des formes modernes du commerce, sans pour autant innover ; des détenteurs de rentes fiscales, dites « niches » (tel le taux de TVA réduit pour les travaux d'entretien et de rénovation des logements, le crédit d'impôt en faveur de la recherche, l'abattement de 10 % sur le montant des pensions et retraites, les avantages accordés à la Corse et à l'outre-mer, les aides à l'accès à la propriété pour la location), sans compter d'innombrables offices, agences, lobbies soucieux de préserver leurs rentes et celles de leurs clients.

Parmi tous ces rentiers, on dénombre 115 professions réglementées qui verrouillent, encore aujourd'hui, comme sous l'Ancien Régime, de multiples dimensions de notre vie quotidienne : les officiers ministériels, que leurs bénéfices, tirés de leurs monopoles légaux, ne poussent pas toujours à rendre le meilleur service possible aux justiciables ; les taxis, dont le nombre est trop limité pour protéger le patrimoine de quelques-uns, sans aucun avantage pour les autres chauffeurs ni pour leurs clients ; les médecins, dont le *numerus clausus* (vidé de tout sens par la reconnaissance automatique des diplômes européens) réduit chaque jour davantage la densité pour mille habitants (plus basse en France que dans tous les autres pays européens) sans que cela améliore ni leur revenu, ni leur statut, ni la qualité des soins ; les pharmaciens, qui imposent des conditions d'entrée très restrictives à un commerce, rémunéré comme tel, sans que leurs conseils, qui pourraient justifier leurs revenus, ne soient pris en compte ; les

. opticiens, aux taux de marge énormes, qui profitent des couvertures offertes par les mutuelles et limitent la concurrence en s'opposant à la vente des verres de qualité sur Internet. S'y ajoutent tous ceux qui n'osent pas innover, créer, affronter la compétition, coopérer.

Aujourd'hui comme hier, chacun de ces rentiers ne détient pas assez de pouvoirs pour entamer ou annihiler les rentes des autres, mais il en a assez pour protéger la sienne, bloquer toute réforme du droit et des pratiques qui pourrait remettre en cause, au moins pour un temps, ses propres avantages.

Convaincus qu'ils ont tout à perdre à mécontenter tel ou tel groupe particulier, les hommes politiques préfèrent trop souvent n'agir contre aucun, quoi qu'il en coûte à ceux qui ne sont protégés par aucune rente.

Il n'empêche : les rentiers eux-mêmes, rassurés à tort par la protection que leur vaut leur situation, seront bientôt victimes de la colère des vulnérables, du progrès technique et des vents venus du large. S'il ne prépare pas la relève de ces rentiers par des entrepreneurs, des activistes, des innovateurs, des créateurs économiques, artistiques, politiques et sociaux bousculant tabous et règles, le pays entrera immanquablement dans un long hiver.

CHAPITRE 7

Le déclin : en dix ans, en vingt ans

J'ai énoncé plus haut tous les facteurs d'un possible déclin de la France : notre population vieillit ; nos talents s'en vont ; nous perdons notre industrie et, avec elle, notre capacité d'exporter et d'innover. Les ultimes grandes firmes françaises ne le seront bientôt plus du fait de l'évolution de la composition de leur actionnariat et de la localisation de leurs centres de décisions.

Plus grave encore : non seulement les Français ne se font pas confiance, mais ils n'ont pas confiance en eux-mêmes. Ils ne croient plus guère en leur avenir et n'ont aucune envie de le bâtir les uns avec les autres. Ils ne croient ni à la France, ni à l'Europe, ni à la francophonie, piliers géopolitiques de notre destin.

Si nous nous obstinons dans cette voie, si nous nous entêtons à ne rien vouloir réformer d'essentiel, si la classe politique persiste à ne pas s'intéresser aux vrais problèmes pour ne penser qu'à sa réélection, si les médias se complaisent à passer d'un scandale à un autre sans alerter dirigeants et citoyens sur les enjeux essentiels, si le pays continue à s'arc-bouter sur ses rentes, plaçant ses ultimes espoirs dans un hypothétique retour de la croissance mondiale, il restera définitivement enlisé ; dans les vingt prochaines années, il sera emporté, sans retour possible. Nous entrerons dans une stagnation économique durable, puis dans un déclin géopolitique : comme Venise lorsque Amsterdam lui a succédé ; comme Amsterdam quand Londres la supplanta ; comme Londres quand Boston, puis New York la surpassèrent.

La chute sera d'abord peu perceptible : la France est un pays riche dont le déclin peut être durablement masqué par la vente de ses actifs et la dilapidation de ses réserves. Comme toute puissance décadente, la flamboyance de notre culture ne sera jamais aussi grande que durant cette lente agonie.

Il n'empêche : dans dix ans, dans vingt ans tout au plus, tout sera joué. Voici comment.

Quand, dans trois ou quatre ans au plus tard, la croissance mondiale reviendra, nous ne serons pas à même d'en profiter. Faute de compétitivité, de produits nouveaux, d'adaptation aux changements, du fait de notre crispation sur les rentes, le basculement du monde vers le Pacifique et l'Afrique nous laissera à l'écart de la prospérité du reste de la planète. Comme souvent, nous serons une nouvelle fois les derniers à rejoindre le cycle haussier, et les premiers à plonger dans la récession suivante. Le chômage ne se réduira pas, sinon par la manipulation des statistiques et par le jeu de la démographie.

Nous ne serons pas les seuls à être emportés dans cette récession : toute l'Europe le sera avec nous, même si, pour beaucoup de nos voisins, comme l'Allemagne ou l'Italie, l'impact sera pour un temps moins important que pour la France en raison de leur capacité exportatrice et de leur déclin démographique qui leur permettra de maintenir la croissance du pouvoir d'achat par habitant, y compris en cas de stagnation de la production. Pour nous, au contraire, toute croissance économique inférieure à 1,5 % conduira d'emblée à une baisse du pouvoir d'achat par habitant et à une nouvelle aggravation du chômage.

Les faits seront ensuite cruels : la croissance française ne reviendra pas au-dessus de 1 % ; le chômage s'installera durablement au-dessus de 5 millions de personnes ; les jeunes, diplômés ou non, partiront en masse chercher ailleurs l'emploi qu'ils ne trouveront plus chez eux ; le déficit d'innovation entraînera de plus en plus de délocalisations de nos entreprises ; la baisse des recettes fiscales et l'augmentation du nombre de gens éligibles aux programmes sociaux existants aggraveront les déficits publics, qui dépasseront durablement les 4 % du PIB.

Pour un temps – encore quelques années, peut-être –, la dette publique continuera d'être financée à très bas taux par les prêteurs internationaux, qui ne penseront pas qu'un défaut de la France soit possible. Puis la Banque centrale européenne prendra le relais, en rachetant aux banques commerciales les crédits qu'elles auront consentis à l'État et aux entreprises.

Quand la dette atteindra 120 % du PIB, vers 2018 au plus tard, les prêteurs exigeront alors de la

France, beaucoup plus sévèrement qu'aujourd'hui, qu'elle maîtrise ses finances publiques. Ils lui demanderont de faire des économies en tous domaines.

Dans sept ans au plus, vers 2020, l'État français n'aura alors plus de perspective crédible de remboursement de sa dette. Il sera interpellé par la Commission de Bruxelles, qui exprimera poliment les exigences de l'Allemagne, plus que jamais garante en dernier ressort de la BCE (Banque centrale européenne), elle-même terrifiée par l'état de son bilan. Les taux d'intérêt de nos emprunts augmenteront, et le service de la dette publique redeviendra le premier poste budgétaire. L'État devra commencer à négocier son budget avec ses prêteurs privés et publics, c'est-à-dire avec les banques, le FMI, les Chinois, les Allemands, chacun exprimant des exigences diverses.

Comme avant elle la Grèce, l'Irlande, le Portugal, l'Espagne, l'Italie, Chypre, entre autres, la France sera alors contrainte de réduire drastiquement ses dépenses publiques et d'augmenter plus fortement encore sa pression fiscale. Beaucoup plus qu'elle n'aurait à le faire si elle le faisait maintenant. Elle devra remettre en cause à la fois son système éducatif et son système de protection sociale. Pour survivre, universités et hôpitaux devront devenir payants. Les retraites baisseront et les seniors devront travailler de plus en plus longtemps. L'État n'aura plus les moyens d'assurer la sécurité intérieure et extérieure du pays. La fraude fiscale augmentera. L'État de droit reculera.

De moins en moins de gens entreprendront, et ceux qui le voudront encore s'en iront le faire ailleurs. Les entreprises déplaceront à l'étranger leurs comités exécutifs et leurs conseils d'administration plus vite encore qu'elles n'ont prévu de le faire aujourd'hui. En sous-main, certains dirigeants de nos plus grandes entreprises ne verront pas d'un mauvais œil une OPA hostile qui leur permettra de se délocaliser et d'échapper – apparemment contre leur gré – à la fiscalité française. Cette décennie deviendra alors aussi funeste que le fut celle de la révocation de l'édit de Nantes, dont les conséquences furent si dommageables pour la France, entraînant le départ de 200 000 personnes et de 30 millions de livres au profit des économies allemande, anglaise, hollandaise.

D'énormes manifestations de chômeurs, d'usagers du service public, de professeurs, d'infirmières, de gendarmes même, se succéderont pour protester contre les réductions des budgets. La consommation des ménages baissera plus fortement encore, ce qui alimentera le cercle infernal récession/chômage/moindre consommation. L'endettement privé deviendra insupportable pour des millions de gens. Ils seront (malgré nos lois, en principe protectrices de l'emprunteur) traînés devant les tribunaux et tenus de rendre les clés de leur voiture ou de leur logement.

Sentant monter en France l'animosité contre elle, l'Allemagne craindra de voir renaître une haine réciproque, source de trois guerres. Elle estimera que la France n'a plus les moyens de rétablir sa situation.

Elle considérera qu'il vaut mieux dès lors en finir avec le rêve fédéraliste européen et s'éloigner de sa partenaire, pour éviter de se laisser entraîner dans sa chute.

Ce qui conduira, à l'initiative de Berlin, dans douze ans au plus, à un partage en deux de la zone euro entre un euro fort et un euro faible (la France vraisemblablement accrochée contre son gré à l'euro faible à la demande même de l'Allemagne).

Le partage en deux zones euro entraînera une dévaluation de l'ordre de 40 % de l'euro faible par rapport à l'autre. Cette dévaluation engendrera une nouvelle hausse des taux d'intérêt de la dette publique française et un nouveau ralentissement de la croissance, malgré l'effet de rebond provisoire suscité sur les exportations, faisant passer le ratio dette/ PIB bien au-dessus de la barre des 140 % ; le nombre de chômeurs grimpera jusqu'à 6 millions, dont plus de 30 % des jeunes souhaitant travailler.

Devant pareil désastre, on en reviendra, au moins dans la zone de l'euro faible, en particulier en France, aux monnaies nationales. L'espace d'un instant, certains auront alors l'illusion d'une liberté retrouvée. En renonçant à la loi de 1973, la Banque de France sera poussée à consentir des crédits directs à l'État, ce qui créera le mirage d'une disparition de la contrainte de la dette publique.

La nouvelle monnaie se dévaluera encore de 30 %, ce qui rendra certes les produits français pour un temps plus compétitifs. Mais les marchés mettront vite en doute notre capacité de financer nos importations et de rembourser notre dette aux prêteurs étrangers. Le franc s'effondrera. S'ensuivra une forte hausse des taux d'intérêt ; la dette passera mécaniquement au-dessus de la barre des 150 points de PIB. La France se verra alors obligée de réduire encore plus drastiquement ses dépenses publiques et d'augmenter très fortement ses impôts. La consommation des ménages baissera d'autant. On ira cette fois vers les 7 millions de chômeurs, dont plus de 40 % des jeunes en âge de travailler et vers une baisse de 30 % du niveau de vie de tous, assortie d'un effondrement de la valeur des patrimoines immobiliers.

La France devra alors financer en catastrophe la réduction de sa dette et la recapitalisation de ses banques. Elle ne pourra plus le faire ni par l'impôt, ni par un prêt international. Comme l'a montré l'exemple chypriote, une des ressources les plus faciles à collecter sera le prélèvement sur les dépôts bancaires : une part importante de l'épargne des Français leur sera confisquée.

Toutes les études prospectives montrent que la France sera alors entrée dans un déclin dont elle ne se relèvera ni économiquement, ni politiquement jamais plus.

Ce qu'on vient de lire n'est pas un scénario catastrophe, brandi ici comme un épouvantail. C'est le scénario parfaitement réaliste et documenté du déclin vers lequel le pays va tout droit, d'ici vingt ans ou bien avant.

Les Français pressentent ce risque : ils sont aujourd'hui un des peuples les plus pessimistes au monde. En 2011, seulement 35 % d'entre eux estimaient que les années à venir seront meilleures que les précédentes, alors qu'ils étaient 41 % en 2008. Par contraste, ce ratio est supérieur à 90 % au Sénégal, au Rwanda, au Bénin, au Botswana, au Togo, au Gabon. Pis : en janvier 2013, 51 % des Français jugeaient le déclin de leur pays inéluctable.

Seuls deux scenarii sont à même d'empêcher cette issue, comme toujours dans l'histoire de France : la Révolution ou la réforme.

CHAPITRE 8

La révolution :
dans un mois, dans un an

Beaucoup penseront, en lisant ce qui précède, qu'il ne sert à rien de tenter de démentir ce pronostic parce qu'un lent déclin vaut mieux qu'un brutal effort aux résultats incertains. Ils doivent reparcourir l'Histoire : quand la France refuse de se réformer, elle fait la révolution ; et celle-ci ne fait en général que précipiter la matérialisation des plus sombres présages, pour réaliser ensuite, dans un contexte de grande violence sociale et/ou politique, un certain nombre de réformes jusqu'alors refusées. Pour ensuite les annuler, tout aussi violemment, par une contre-révolution.

Si cela devait arriver aujourd'hui, on ne pourrait exclure aucun destin pour ce pays, pas même la remise en cause de la démocratie.

Quand la demande d'autorité devient forte et qu'elle ne trouve pas de réponse dans le cadre institutionnel en place, quand le pouvoir politique reste silencieux ou se révèle impuissant, quand toutes les élites donnent au pays le sentiment qu'elles protègent d'abord leurs propres privilèges, le pire devient possible. Maints boucs émissaires peuvent être désignés, la colère et la haine peuvent déboucher sur de graves violences, en particulier balayer la classe politique, comme cela a été le cas en Italie, en Espagne et en Grèce. Voire renverser la démocratie, comme ce fut jadis le cas en Italie et en Allemagne. Un tel épisode peut survenir dans la décennie en cours, résultant de l'accélération imprévue du déclin décrit plus haut. Un incident en sera le déclencheur, qui peut même se produire sous peu : dans quelques mois, dans un an.

On trouvera ci-après plusieurs scénarii plausibles, pouvant créer les conditions d'événements violents, voire révolutionnaires, de soulèvements particulièrement dangereux parce que sans chef, sans projet, ni classe sociale pour les appuyer. Une révolution au seul bénéfice de la révolution.

L'explosion du chômage

À en juger par ce qui se fait sans se dire, dans l'ambiance délétère du moment, la perte de confiance du pays en lui-même peut conduire, dans les mois qui viennent, les entreprises localisées en France à inter-rompre tous les recrutements qu'elles peuvent retar-der, puis à licencier pour de bon. Le nombre de 6 millions de chômeurs effectifs risque de devenir à terme rapproché une perspective crédible. Même si on tentera sans doute de manipuler les statistiques à coup d'emplois publics.

La situation serait alors particulièrement explo-sive : parce que le chômage de longue durée ne touchera plus seulement les ouvriers et les plus faibles, mais aussi bien les cadres et les jeunes diplômés, enfants de cadres. Or, rien n'est pire que la frustration de diplômés à qui on n'offrirait même plus la perspective du salariat que les meilleurs d'entre eux considèrent déjà comme un pis-aller. Cela rendra d'autant plus évidents les privilèges qui protègent les enfants des classes favorisées, et priverait les jeunes des quartiers de toute perspective de promotion sociale. Des centaines de milliers d'entre eux ne disposeront bientôt plus d'aucun revenu. Plus encore qu'aujourd'hui, le désespoir conduira d'innombrables salariés à des démonstrations de force devant les sièges sociaux, à des suicides au sein des entreprises, à placer des bombes dans les ateliers.

Des manifestations majeures seront organisées ; la classe politique perdra toute légitimité et la révolution pourra s'amorcer.

La perte de contrôle de la dette publique

La dette publique n'est apparemment plus un souci majeur pour les prêteurs, aujourd'hui plus inquiets du dénominateur du ratio dette/PIB que de son numérateur, et privilégiant les politiques qui favorisent la croissance. Les prêteurs laissent, disent-ils, du temps aux emprunteurs. Mais ces mêmes prêteurs peuvent très vite changer d'avis.

De fait, si l'Europe stagne, si l'union bancaire ne se met pas vraiment en place, si les conflits franco-allemands persistent, les prêteurs mettront en doute,

plus rapidement qu'on ne le croit, la capacité de
l'Europe, en particulier de la France, à s'organiser, à
s'entendre et à maîtriser sa dette publique. Se ravi-
sant d'un jour sur l'autre, ils pronostiqueront que la
France devra solliciter un soutien de l'Union européenne et du FMI ; des rumeurs courront selon lesquelles le gouvernement français en refusera les
conditions et se préparera à décider d'un moratoire
unilatéral. On assistera à une hausse rapide des taux
d'intérêt appliqués à la dette publique française, et
à une crise de son financement. Le gouvernement
devra alors, après d'autres, se résigner à chercher
des secours auprès de l'Union européenne et du
FMI, c'est-à-dire de Berlin et de Washington, à leurs
conditions. Les Français comprendront que l'État
ne pourra plus payer ses fonctionnaires sans un
accord du chancelier ou de la chancelière d'Allemagne et du président des États-Unis ; qu'il faudra
brutalement réduire ses dépenses sociales et augmenter la pression fiscale, jusqu'à prélever un impôt
sur les dépôts bancaires. La baisse du pouvoir
d'achat sera brutale : plus de 10 % en un an, assortie de perspectives de chômage considérables.

Le pays ne l'acceptera pas. Des manifestations
majeures seront organisées. La classe politique perdra toute légitimité. Une révolution pourra se
déclencher.

La perte de solvabilité des banques

La solvabilité des banques françaises, qui n'est pas aujourd'hui apparemment en cause, pourrait l'être en cas d'aggravation sensible de la récession. Les marchés l'anticipaient déjà quand ils valorisaient les banques françaises à des valeurs inférieures à celles de leurs seuls fonds propres. Selon le G20, les quatre plus grandes banques françaises font d'ailleurs partie des 29 banques mondiales qui présentent un risque systémique. La taille de leurs bilans agrégés s'élevait en mars 2013 à 8 500 milliards d'euros, soit 400 % du PIB français (contre seulement 90 % du PIB aux États-Unis).

Si la récession s'aggrave, si les crédits douteux augmentent, les banques françaises peuvent se trouver rapidement discréditées auprès des marchés ; on pourrait alors entrer, comme en 2008, dans une profonde et brutale crise de confiance des acteurs financiers à leur endroit, laquelle interromprait le crédit interbancaire. Mais, à la différence de ce qui s'est passé en 2008, l'État français, ayant comme beaucoup d'autres gaspillé ses cartouches, n'aurait plus les moyens budgétaires de soutenir le bilan de ses banques. Pour éviter de faire faillite, celles-ci devraient se tourner vers le Mécanisme européen de stabilité qui ne dispose que de 80 milliards d'euros et pourrait leur apporter un peu de capital en contrepartie de conditions drastiques (vente d'actifs ou regroupements), et vers des banques étrangères qui poseraient des conditions encore plus drastiques et les rachèteraient à bas prix.

La récession serait dès lors massive. Là non plus, le pays ne l'acceptera pas. Des manifestations majeures seront organisées. La classe politique perdra toute légitimité et la révolution pourra commencer.

Le délitement de l'Union européenne

Même si aucun des scénarii précédents n'advient, la détérioration de la situation des pays périphériques risque de conduire la Banque centrale européenne à s'inquiéter de l'emploi déjà considérable (2 700 milliards d'euros) de ses ressources propres, qu'elle doit garantir sur son bilan trois fois inférieur. Des voix venues d'Allemagne viendront expliquer que c'est contraire à l'esprit et à la lettre des traités et que les banquiers centraux risquent la prison. La Cour suprême allemande émettra de plus en plus de doutes sur le caractère licite de l'ensemble de l'action de la banque centrale.

Alors que s'achèvera outre-Rhin la campagne électorale, que les sondages s'y feront plus serrés, que les partis hostiles à l'euro sembleront y progresser, le gouvernement de madame Merkel ou de son successeur pourrait annoncer qu'il refuse de continuer à soutenir la dérive de la dette publique des pays du Sud auxquels sera de plus en plus rattachée la France. La chancelière ou son successeur pourrait déclarer qu'elle, ou il, refuse tout progrès de l'intégration européenne aussi longtemps que la périphérie de l'Europe – dont la France – n'aura pas réalisé des réformes importantes dans des domaines précisément désignés par l'Allemagne (notamment réduire ses dépenses de santé, d'allocations chômage et de soutien aux familles). À l'instar des autres pays concernés, la France protestera violemment contre cette ingérence dans ses affaires intérieures. En vain. La crédibilité même de l'Union européenne, en particulier de la zone euro, sera alors remise en cause. Puisqu'elle ne pourra plus faire miroiter des perspectives d'intégration fédérale dans les dix prochaines années, les marchés spéculeront sur sa rupture. On assistera alors à une chute libre du niveau de vie des habitants du continent, dont ceux de la France, conformément au scénario décrit au chapitre précédent, d'une façon plus précipitée.

Des manifestations majeures seront organisées, la classe politique perdra toute légitimité et la révolution pourra advenir.

Des scandales financiers, industriels, politiques

Dans l'état d'extrême tension du pays, tout nouveau scandale majeur mettant en cause l'un ou l'autre des camps politiques, ou dévoilant des fortunes masquées à l'étranger par des puissants, déclenchera une vague de colère aux conséquences imprévisibles, selon le précédent de l'affaire du collier de la Reine en 1785.

Le pays a pratiquement épuisé ses capacités d'indulgence et est même prêt à condamner sans preuve. Pour lui, désormais, non seulement il n'y a « pas de fumée sans feu », mais encore « toute fumée est en elle-même un feu ». Toute rumeur est un scandale, indépendamment de toute vérité.

On verra alors des partis de gouvernement perdre leurs principaux dirigeants. Les candidats présumés à l'élection présidentielle suivante pourraient même être touchés, au grand bénéfice des extrêmes. Face au vide politique ainsi créé, la révolution pourra commencer.

La conjonction des extrêmes

Dans l'un ou l'autre des scénarii précédents, les partis d'extrême gauche et d'extrême droite, qui font tout pour apparaître distincts, seront de plus en plus proches par leurs idées comme par leurs pratiques. D'ores et déjà, la mise en œuvre de leurs programmes actuels conduirait à une sortie (volontaire pour le Front national, subie pour le Front de gauche) de l'euro ; à une mise sous tutelle de la Banque de France par le ministère du Budget afin de financer la dette publique par une émission monétaire ; au protection-nisme national, à défaut d'en obtenir un de l'Union européenne ; à une remise en cause du rembourse-ment de la dette publique détenue hors de France, ce qui implique un arrêt du financement de celle-ci par les prêteurs internationaux et donc un repli sur les épargnants français à qui il faudrait demander un emprunt forcé – nouveau nom de l'impôt.

Paniqués par ce que leur indiquent les sondages et par leurs rencontres de terrain avec les électeurs, les partis de gouvernement se rapprocheront de leurs extrêmes. Ils se caleront sur leurs thèses, tiendront les mêmes discours. L'extrême droite s'amalgamera à l'UMP ; l'extrême gauche au Parti socialiste. Les uns et les autres ne se cacheront plus, insulteront ensemble, défileront et voteront ensemble. À l'issue de ce marché de dupes, la classe politique française se trouvera tout entière alignée sur un seul et même programme, à la fois souverainiste et socialiste, évidemment antidémocratique et tout aussi évidemment inefficace. La révolution aura commencé dans une sorte de consensus idéologique implicite d'une vaste majorité à laquelle ne s'opposeront plus que des minorités de résistants. Ce scénario peut se produire sans même attendre les prochaines échéances électorales – locales et européennes –, qui ne pourront alors que tourner au désastre rouge et brun.

La crise de régime

Si la gauche au pouvoir dérive vers l'échec, si une droite discréditée par son propre échec persiste à critiquer le pouvoir sans reconnaître ses responsabilités, les partis extrémistes de droite et de gauche seront de plus en plus écoutés et l'emporteront dès les prochains scrutins.

Le président sera tenu pour responsable de cette débâcle. On lui reprochera d'être tantôt trop à gauche, tantôt trop à droite. La gauche du Parti socialiste ne le soutiendra plus et lui fera perdre sa majorité au Parlement. Il lui sera quasiment impossible de gouverner.

Viendra alors, pour lui, la tentation de dissoudre l'Assemblée, ce qui pourrait faire son affaire si la droite, revenue au gouvernement, ne réussissait pas mieux que la gauche au pouvoir, et pas mieux que ce qu'elle-même avait fait dans les dix années précédentes. S'ouvrira alors une crise de régime qui touchera toutes les élites, notamment tous les acteurs de l'action publique.

Nul ne peut prédire comment se conclurait chacun des scenarii précédents, parfaitement plausible, sinon que cela ouvrirait une situation révolutionnaire. Ce qui en résulterait n'aurait rien à voir avec les crises de régime que le pays a antérieurement connues. Nous sommes en effet dans une situation spécifique, iné-dite, dans laquelle aucune classe sociale ne semble assez forte pour prendre la tête d'un bouleversement politique organisé.

L'épisode se terminerait sans doute par la dési-gnation à la tête de l'État d'un homme ou d'une femme, aujourd'hui inconnu (ou trop bien connu), à qui le pays confiera le soin de mettre en œuvre les réformes auxquelles les partis démocratiques n'auront pas eu le courage de procéder, y compris au prix de la remise en cause des libertés publiques.

Rien de tout ce qu'on vient de lire n'est inéluc-table. Ni le déclin, ni la révolution, ni la contre-révolution. À condition de réagir en tenant compte à la fois des leçons de notre histoire et des réussites d'autres pays confrontés à des situations au moins aussi périlleuses.

CHAPITRE 9

Rien n'est perdu : d'autres pays, dans la même situation, ont su réagir

Rien ne serait pire, pour la France, que de croire que l'engrenage lent des réformes, lorsqu'on est acculé à les faire, suffira pour rester à flot. Il lui faut agir massivement, et vite. Mais comment faire ? Et que faire ?

Comme pour un individu confronté à de graves problèmes, dont il ne parvient même pas à concevoir qu'il faille les résoudre, l'évocation de la façon dont d'autres ont réussi à surmonter des difficultés similaires peut se révéler formidablement utile.

Car d'autres nations, confrontées aux mêmes périls, voire à bien pire, ont su trouver les moyens de réagir, choisir des dirigeants courageux, voire les réélire, après qu'ils ont mené un ensemble de réformes le plus souvent impopulaires.

Une telle réaction, sauvant un peuple d'un déclin qu'on aurait pu croire inéluctable, s'est souvent produite dans l'Histoire. Inversement, bien des peuples disposant de grandes ressources ont souvent décliné, à leur propre surprise.

Au total, les pays disposant de rentes de situation n'ont jamais été les plus grandes puissances de leur temps, et se laissent en général aller à la facilité.

Ainsi en a-t-il été de l'Espagne, qui a perdu toute chance de devenir la première puissance mondiale au XVIᵉ siècle quand elle a accepté de vivre sur l'or des Amériques. Ainsi de l'Argentine, qui s'était laissée engourdir au début du XXᵉ siècle, quand le cours de la viande s'effondra. Ainsi de la Grande-Bretagne, vivant encore récemment dans l'illusion d'une éphémère rente pétrolière, comme le sont aujourd'hui le Venezuela et d'autres pays au sous-sol très riche en hydrocarbures.

De grandes puissances ont aussi décliné à partir du jour où elles n'ont pas su réagir à une menace. Ainsi de Bruges, qui, à la fin du XIVᵉ siècle, laissa son port s'enliser, ou de Venise, qui ne réagit pas quand les Turcs, au milieu du XVᵉ siècle, fermèrent la route maritime du commerce d'Orient, ou encore de Gênes qui ne sut pas se redresser après une crise financière survenue au milieu du XVIᵉ siècle, alors même qu'elle était la première place commerciale et financière d'Occident.

Au contraire sont devenues de grandes puissances des cités-États ou des nations qui, confrontées à la menace du déclin, se sont rendues compte du péril à temps et ont su réagir en prenant le risque de solutions inédites. Ainsi des Provinces-Unies qui, confrontées au XVIIᵉ siècle à l'insuffisance de leurs terres arables, décidèrent audacieusement d'interrompre toute culture vivrière pour ne plus produire que des plantes tinctoriales et les utiliser afin de fabriquer industriellement des textiles de haute qualité. Ainsi de la Grande-Bretagne, qui, confrontée à l'extinction de ses forêts à la fin du XVIIIᵉ siècle, décida d'utiliser le charbon de terre comme source d'énergie en l'associant à la machine à vapeur. Ainsi du Japon et de la Corée, devant faire face, au milieu du XXᵉ siècle, à la pénurie d'énergie, qui décidèrent de se lancer dans les industries de la robotique et des télécommunications. Ainsi d'Israël qui, manquant de toutes ressources matérielles, sut devenir le premier pays au monde en matière de recherche et de développement et le troisième en nombre de sociétés cotées au Nasdaq. Ainsi des États-Unis, à plusieurs stades de leur histoire.

Plus récemment, au cours des vingt dernières années, face à l'une ou l'autre des deux dernières crises que le monde a connues (1993 et 2007), certains pays ont su magnifiquement réagir. Qu'on ne s'y trompe pas : si les gouvernements de ces nations ont pu agir, au risque de passer parfois pour provisoirement impopulaires, c'est qu'ils avaient, de conserve avec leur opinion, emprunté le « chemin d'éveil » dont il a été question plus haut, et que la France, pour sa part, doit encore parcourir.

Leurs expériences nous montrent que, une fois ce chemin parcouru, une action rapide et déterminée, globale et cohérente, dans le cadre d'un projet de société clairement explicité, peut inverser une tendance apparemment fatale.

Prenons quelques exemples parmi les plus récents et les plus spectaculaires : l'Allemagne, la Suède, le Canada, l'Italie, la Pologne, le Mexique. Chacun à leur manière, ils montrent que rien n'est perdu, pas même pour un pays aussi menacé que la France d'aujourd'hui.

L'Allemagne de Gerhard Schröder

Quand, en 1998, le social-démocrate Gerhard Schröder accède au pouvoir à la tête d'une coalition SPD-Verts, battant le chancelier Helmut Kohl, huit ans après que celui-ci eut conduit une très audacieuse et coûteuse réunification, la croissance économique outre-Rhin est relativement faible (1,7 %). Le chômage, très élevé (9,4 %), constitue l'enjeu essentiel de la campagne électorale. Le ministre des Finances et rival de Schröder au sein du SPD, Oskar Lafontaine, commence par augmenter les dépenses publiques de 6 % et stimule la consommation, avec le soutien des syndicats et de l'aile gauche de son parti. Mais plusieurs des mesures qu'il propose (notamment une augmentation des taxes sur l'énergie, de même que ses tentatives d'obtenir de la Bundesbank et de la Banque centrale européenne une baisse des taux) sont rejetées par Schröder, pour qui l'essentiel est d'améliorer la compétitivité de l'Allemagne. En mars 1999, le chancelier refuse même toute mesure pesant sur les entreprises. Oskar Lafontaine est alors remplacé au ministère des Finances par Hans Eichel, qui réduit les dépenses publiques et les prélèvements obligatoires (baisse des impôts sur les revenus moyens et sur les plus-values de cession des banques et des assurances) et engage quelques premières réformes structurelles (introduction d'éléments de capitalisation dans le système des retraites et instauration d'une écotaxe). La situation ne s'améliore pas : l'excédent commercial n'est plus que de 59 milliards d'euros en

2000 ; la dette publique brute représente 60,2 % du
PIB ; impopulaire, le gouvernement décide de ne plus
rien faire et s'installe pendant deux ans dans l'immobilisme, baptisé « politique de la main tranquille ».
Aucun succès : la croissance allemande tombe à
1,6 % en 2001, puis à 0 % en 2002, avec un taux de
chômage de 7,9 % ; quant à la dette publique, elle
continue d'augmenter : 60,7 % du PIB à la veille des
élections de l'automne 2002. En pleine campagne,
Hans-Werner Sinn, président de l'institut IFO (l'un
des principaux instituts européens de recherche économique), déclare même que l'Allemagne est la « lan-
terne rouge de l'Europe ». Gerhard Schröder gagne
pourtant les élections de justesse, avec 6 000 voix
d'avance sur la CDU/CSU.

Pour élaborer un nouveau programme, Schröder
s'appuie alors sur un rapport datant de novembre 2002
du Conseil des sages (composé de cinq économistes
indépendants nommés pour cinq ans par le président allemand, sur la recommandation du gouvernement, chargés de l'examen de l'évolution
économique globale du pays) qui souligne que « le
retour au plein-emploi implique des sacrifices en
termes de redistribution et d'État-providence », et propose « vingt points pour la croissance et l'emploi ».
Schröder s'appuie également sur les conclusions
d'une commission dite « Services modernes pour
le marché de l'emploi », qu'il a fait présider par
Peter Hartz, directeur des ressources humaines de
Volkswagen.

Au printemps 2003, une fois rassemblés ces avis,
et après les avoir discutés en public, Schröder

annonce le lancement d'un programme pour sept ans qu'il baptise « Agenda 2010 » et dont il résume ainsi la philosophie : « Le politique crée les conditions préalables au changement nécessaire. Mais il faut que l'ensemble de la société y apporte sa contribution » ; il s'agit donc de « réduire les prestations de l'État, [...] de développer la responsabilité individuelle et [...] d'exiger de chacun une performance individuelle accrue ».

Il lance alors de multiples réformes favorisant le retour au travail, même mal rémunéré, au détriment de l'indemnisation du chômage : allongement de la durée maximale des CDD, développement des mini-jobs, de l'intérim et des temps partiels, facilitation des licenciements ; réduction de 32 à 12 mois de la durée maximale d'indemnisation du chômage, avec, pour les chômeurs en fin de droits, une aide forfaitaire et non plus liée au dernier salaire, sous condition de ressources et de recherche active d'emploi. Enfin, il décide d'un allègement général de la fiscalité : baisse du barème de l'impôt sur le revenu (avec une échelle de taux allant de 15 à 42 % au lieu de 25,9 à 53 %) ; baisse de l'impôt sur les sociétés (de 50 à 39 %), baisse de l'impôt sur les dividendes et de l'impôt sur les plus-values de cession. Dans nombre d'entreprises, les syndicats acceptent alors de revenir aux 40 heures et d'autoriser des dérogations aux normes de branche, dans le but de rétablir la compétitivité.

Le succès est loin d'être immédiat : en 2003, c'est la récession (-0,4 %). En mars 2004, Schröder, qui ne revient sur aucune de ces réformes, fort impopulaires parmi son propre électorat, semble se préparer à quitter le pouvoir et abandonne la présidence du SPD à Franz Müntefering. Cette année-là, le chômage atteint 10,5 % (moyennant d'importants contrastes entre l'ancienne RFA et l'ancienne RDA : 8,4 % à l'Ouest, 18,3 % à l'Est). En 2005, la dette publique continue de monter et atteint 68,5 % du PIB, et le chômage grimpe à 11,2 %. Tout semble perdu ; seul point très positif : en 2005, l'Allemagne enregistre un excédent commercial de 158,2 milliards d'euros, ce qui représente une augmentation considérable par rapport au début de la décennie (59,1 milliards d'euros en 2000).

En mai 2005, à la suite d'une défaite électorale en Rhénanie du Nord-Westphalie, dernier land dirigé par un gouvernement de coalition SPD-Verts, Gerhard Schröder tente le tout pour le tout : il décide la tenue d'élections anticipées, seulement deux ans après les précédentes. En septembre 2005, c'est presque une victoire, en tout cas une défaite mitigée qui aboutit à la formation d'une grande coalition entre le SPD et la CDU/CSU, mais avec, à sa tête, la présidente de la CDU/ CSU, Angela Merkel. Gerhard Schröder quitte alors la politique.

Son programme, lancé quatre ans plus tôt et poursuivi par la nouvelle chancelière, finit pourtant par porter ses fruits : en 2007, à la veille de la crise financière américaine, la compétitivité allemande est rétablie ; l'excédent commercial atteint 195,35 milliards d'euros ; la dette publique commence à baisser et s'établit à 65,4 % du PIB ; l'Allemagne enregistre même, cette année-là, un taux de croissance supérieur à 3 %, tandis que le chômage baisse de 11,2 % en 2005 à 7,6 % en 2008. La modification est même structurelle : la création d'emplois ne requiert plus désormais qu'un taux de croissance de 1 %, au lieu de 2 % auparavant.

Cette politique, lancée et conduite par les socialistes, permet donc aux conservateurs, qui la poursuivent, de traverser mieux que tout autre gouvernement en Europe la crise de 2007, même s'ils laissent augmenter brutalement le déficit public à partir de 2008.

À la suite des élections de 2009, la CDU l'emporte nettement ; la Grande Coalition n'est pas reconduite, et Angela Merkel prend seule la direction du cabinet fédéral qui ne rassemble plus que la CDU et le FDP. Elle continue à engranger les bénéfices de la politique de son prédécesseur : en 2012, le chômage est réduit à 5,5 %. L'excédent extérieur est de 188 milliards d'euros ; la dette publique, alourdie par les déficits accumulés à partir des débuts de la crise, atteint 81,96 % du PIB et commence à baisser.

Cette politique qui privilégie l'emploi, quelle que soit sa rémunération, au détriment de la couverture du chômage, est aujourd'hui considérée, en Allemagne, comme un succès. Le FMI prévoit même que la dette publique va se réduire à 80,39 % du PIB en 2013, à 75,69 % en 2015, à 68,74 % en 2018. L'Allemagne est le seul État de la zone euro où la diminution du ratio dette/PIB va se poursuivre de manière continue au cours des années suivantes.

Mais le prix à payer a été très lourd : en l'absence de salaire minimum légal, 2,5 millions d'Allemands reçoivent aujourd'hui un salaire inférieur à 5 euros de l'heure ; les inégalités se sont accrues : le rapport entre là part du revenu perçu par les 20 % de la population ayant les revenus les plus élevés et celle des 20 % ayant les revenus les plus faibles est passé de 3,6 en 1998 à 4,8 dix ans plus tard, et il est encore aujourd'hui de 4,5. De plus, le système bancaire du pays est extrêmement faible et fragmenté (on compte en Allemagne près de 2000 banques, soit en moyenne une pour 43 000 habitants, contre environ une pour 112 500 habitants en France) ; les cinq premières banques allemandes détiennent environ 32,5 % des actifs totaux, alors qu'en France elles en détiennent plus de 47 % et sont très peu rentables ; l'OCDE estime qu'un ajout de fonds propres équivalant à 5,55 % du PIB serait nécessaire pour porter les fonds propres « durs » des banques allemandes à 5 % de leurs actifs non pondérés, comme le demande la Banque des règlements internationaux (BRI).

Pis encore, la démographie allemande stagne à un niveau catastrophique : la fécondité y est de 1,46 enfant par femme, contre 1,99 en France. L'Allemagne, qui compte 82,3 millions d'habitants en 2010, n'en comptera plus, si rien ne change, que 81 millions en 2020, 79,5 millions en 2030, 74,8 millions en 2050. L'âge médian, qui est de 44,3 ans en 2010, sera de 48,8 ans en 2030.

Ce constat s'explique largement par l'insuffisance de la politique familiale, à laquelle le pays consacre un point de PIB de moins que la France (2,7 contre 3,7 %), même si les allocations familiales y sont plus élevées. Le congé parental ne dure qu'un an en Allemagne, alors qu'il peut durer jusqu'à trois ans en France. La France consacre 1 point de PIB à la garde et à la scolarisation des enfants âgés de moins de 5 ans, contre 0,4 point pour l'Allemagne. En conséquence, seuls 18 % des enfants de moins de 3 ans fréquentent des modes de garde formels en Allemagne, contre 42 % en France ; les mères de 2 enfants ont un taux d'emploi plus faible en Allemagne (69 %) qu'en France (79 %) et travaillent plus souvent à temps partiel lorsque leur plus jeune enfant est âgé de moins de 6 ans (74 % en Allemagne, 41 % en France). Aussi, quand elles veulent travailler, les femmes ne font pas d'enfant. Et si elles en ont, elles ne sont plus demandeuses d'emploi et sortent des statistiques du chômage.

Ces données ne doivent pas être oubliées quand on parle de « politique de rigueur » dans l'un et l'autre pays : à trop vouloir imiter l'Allemagne, on risquerait de voir s'effondrer notre démographie, alors qu'il vaudrait mieux, pour l'Allemagne, aligner ses dépenses sociales sur celles de la France...

La Suède de Carl Bildt

C'est encore l'exemple d'un pays qui a su se réformer à temps et en tire toujours profit aujourd'hui.

Au début des années 1990, la Suède est frappée par le ralentissement de l'économie mondiale. Commence chez elle une profonde récession. En 1993, le taux de chômage, qui n'était que de 1,7 % de la population active trois ans plus tôt, atteint 9,1 % dans un pays où il est traditionnellement très bas ; le déficit atteint 11,2 % du PIB, alors que les comptes publics étaient encore excédentaires en 1990 ; l'endettement du gouvernement central passe de 44 % du PIB en 1990 à 70 % en 1993. Dès le début de cette crise, le gouvernement conservateur libéral de Carl Bildt, au pouvoir depuis 1991, décide de réagir ; non, comme tant d'autres, en augmentant les déficits, mais, au contraire, en maîtrisant les dépenses publiques et en réformant l'administration. Il se lance dans une diminution d'un tiers du nombre des agents publics, décrète la fin de l'emploi à vie des fonctionnaires, la fixation d'objectifs et de contrôles de performance des administrations, la transformation des directions opérationnelles des ministères en agences autonomes recrutant leurs nouveaux agents sur contrat de droit privé, marquant ainsi la fin des grilles salariales automatiques, remplacées par des rémunérations individualisées.

En 1994, malgré le retour d'une croissance forte (3,9 %), le chômage atteint encore 9,4 % de la population. Carl Bildt laisse alors la place à un gouvernement social-démocrate dirigé par Ingvar Carlsson, qui ne revient pas sur les réformes de son prédécesseur et continue à simplifier l'administration, à réduire le nombre d'agences nationales, à fusionner agences locales et régionales, à numériser les procédures. L'effet n'est pas immédiat : la dette publique augmente encore et atteint 72,5 % en 1994.

Puis elle commence à diminuer : 72,3 % du PIB en 1996, 53,8 % en l'an 2000, sept ans après le début des réformes entreprises par des conservateurs et poursuivies par des sociaux-démocrates.

De même, le chômage, qui culmine à 9,9 % en 1997, baisse ensuite graduellement pour atteindre

5,6 % en 2000, 4,9 % en 2001 et 2002, avant de repartir à la hausse jusqu'en 2005 (7,6 %).

En 2006, les conservateurs reviennent au pouvoir. La dette publique baisse à 38,8 % en 2008 et, malgré l'impact mondial de la crise financière américaine, se stabilise en 38 % du PIB en 2012. Le chômage plafonne à 8 % de la population active et la croissance reste positive (1,2 % en 2012).

Ce qui démontrerait, si nécessaire, que l'augmentation de la dette publique pour gérer la crise de 2008, comme l'ont fait tous les autres pays, dont la France, n'était pas inévitable.

Il a fallu, pour obtenir ces résultats, des transformations radicales de la nature même de l'État, menées par les majorités successives : près de 90 % des salariés de la fonction publique sont aujourd'hui employés sous le régime de la rémunération individualisée, qui n'existait pas en 1994.

Le Canada de Jean Chrétien

Dans ce pays aussi, un gouvernement a fait preuve d'un grand courage politique face à une crise, et le Canada en a tiré les meilleurs profits. La croissance est négative en 1991 (-2,1 %), elle repart en 1992 (0,9 %) et 1993 (2,3 %), tandis que le chômage continue d'augmenter, passant de 8,2 % en 1990 à 11,4 % en 1993. Cette année-là, l'État canadien connaît un déficit budgétaire annuel supérieur à 8 %, et sa dette atteint 96 % du PIB. La situation semble alors hors de contrôle.

La même année 1993, le libéral Jean Chrétien remporte les élections générales après avoir fait campagne sur le thème de la réduction du déficit public, seul moyen à ses yeux de retrouver croissance et plein emploi. Il recourt à cette fin à la manière forte : il demande à ses ministres de réduire de 20 % leurs budgets de fonctionnement. Après quelques secousses, dont le renvoi de plusieurs ministres pour avoir refusé d'obtempérer, Jean Chrétien réduit les effectifs publics de 20 %, il fait passer le nombre des ministères fédéraux de 32 à 23, gèle les salaires des fonctionnaires, encourage les départs à la retraite anticipés, favorise les transferts au sein de la fonction publique ; les budgets de plusieurs ministères sont drastiquement réduits (jusqu'à près de 50 % pour l'Industrie et les Transports, de 20 à 50 % pour les ministères de l'Environnement, de la Culture, de l'Aide internationale et de la Pêche) ; les subventions aux entreprises privées diminuent de 60 %. Il délègue aux provinces les responsabilités liées aux transports, à la formation, à la culture, tandis que les niveaux d'imposition des ménages restent inchangés.

Après trois ans d'efforts opiniâtres, maintenus malgré les innombrables protestations que suscite cette politique, le succès est atteint : le déficit public est ramené à 2,7 % du PIB en 1996 ; l'année suivante, un excédent budgétaire de 0,2 % est dégagé. Si la dette publique continue d'augmenter, grimpant jusqu'à 102 % du PIB, la croissance dépasse 4 % entre 1997 et 2000 et la dette publique reflue jusqu'à 82 % du PIB en 2000. Surtout, principal objectif, le chômage baisse, passant de 11,3 % en 1993 à 9,1 % en 1997 et 6,8 % en 2000.

Réélu en 1997 et en 2000, Jean Chrétien est cependant forcé de se retirer, en 2003, devant le mécontentement des gouvernements provinciaux, qui s'estiment lésés par les transferts de responsabilités non accompagnés de transferts de moyens correspondants. Il laisse alors le pouvoir à son ministre des Finances et rival au sein du Parti libéral, Paul Martin, qui garde le cap : la dette publique continue de décroître, baissant jusqu'à 70,3 % du PIB en 2006, sans que le chômage augmente.

Paul Martin perd les élections de 2006 face au conservateur Stephen Harper, toujours au pouvoir aujourd'hui. Entre 2006 et 2012, la dette augmente à nouveau, passant à 85,6 % du PIB, tandis que le chômage croît, pour atteindre 8,3 % en 2009, avant de revenir à 7,3 % en 2012.

Là encore, sans les efforts de Jean Chrétien, le Canada serait aujourd'hui en quasi-faillite, et son taux de chômage très supérieur à ce qu'il est.

L'Italie de Mario Monti

Quand Mario Monti est nommé président du Conseil le 13 novembre 2011, l'Italie est en pleine déroute : le taux de chômage atteint 8,4 % de la population active, le déficit budgétaire, 3,6 % du PIB, la dette publique, 120,8 % du PIB, les taux d'intérêt sur les bons du Trésor à 10 ans, 7 %. La classe politique est totalement déconsidérée.

En quelques mois, Mario Monti lance des réformes considérables : il diminue les dépenses publiques de 45 milliards d'euros ; augmente les recettes fiscales de 50 milliards d'euros ; renforce la lutte contre la fraude fiscale ; porte l'âge légal de la retraite à 66 ans pour les hommes et 62 ans pour les femmes ; désindexe les retraites sur l'inflation ; supprime certains régimes spéciaux ; réforme le marché de l'emploi en supprimant quelques obstacles à la mobilité.

Grâce à ces réformes évidemment impopulaires, les taux d'intérêt frappant la dette italienne descendent de 7 % à 4,5 % à la fin 2012 ; l'Italie respecte la limite des 3 % de déficit budgétaire pour l'année 2012, et en 2013, celui-ci devrait être de 2,6 % du PIB.

Mais Mario Monti échoue sur la libéralisation du marché des services (professions réglementées : taxis, pharmacies...) et tente en vain de réduire le nombre de provinces de 106 à 46. Il ne réussit pas non plus à empêcher une forte baisse de l'activité économique, qui passe de +0,4 % en 2011 à -2,4 % en 2012, ce qui fait monter le ratio dette publique/PIB de 6,1 points entre 2011 et 2012 (il passe de 120,8 % à 126,9 %), avant de croître encore, selon les prévisions, à 130,6 % en 2013. Enfin, le taux de chômage augmente de manière continue pour atteindre 10,6 % fin 2012, puis 11,5 % en mars 2013, alors que l'échec de Mario Monti aux nouvelles législatives scelle son départ du gouvernement.

Des réformes courageuses mais insuffisantes, faute de temps, que le nouveau gouvernement de centre-gauche s'est engagé à poursuivre.

La Pologne de Donald Tusk

En novembre 2007, le libéral Donald Tusk remporte les élections législatives avec son parti de centre-droit, « Plateforme civique », et remplace un gouvernement ultra-conservateur mené par les frères jumeaux Kaczyński, l'un chef de l'État, l'autre Premier ministre.

La situation économique du pays est alors très difficile, même si le chômage a enregistré une forte diminution entre 2002 (19,9 %) et 2007 (9,6 %), et si la dette de l'État n'est que de 45 % du PIB.

Donald Tusk, élu sur une ligne pro-européenne, décide d'engager son pays sur la voie de l'adoption de l'euro (potentiellement en 2019). Il entreprend d'emblée plusieurs réformes majeures : amélioration des infrastructures de transport et de communication, libéralisation du marché des logements (suppression des restrictions sur les loyers, assouplissement de la loi sur la protection des locataires, généralisation d'un taux d'imposition réduit sur les revenus locatifs), privatisations de 800 entreprises, rationalisation de la bureaucratie et des charges administratives (création d'une plateforme informatique pour faciliter le paiement des impôts pour les entreprises, mise en place d'un guichet unique pour les jeunes entreprises, simplification des formalités administratives pour la création d'entreprises), réduction des taux de l'impôt sur le revenu des personnes physiques et des cotisations de sécurité sociale, et hausse de la TVA, qui passe de 22 %

à 23 %, gel du salaire des fonctionnaires. Ces réformes ont préparé le pays au choc de la crise qui survient : la Pologne est le seul pays de l'Union européenne à n'avoir pas connu de récession depuis 2008, elle a même connu une croissance cumulée de 15,8 % entre 2008 et 2011 ; elle est le pays de l'OCDE qui a enregistré la plus forte croissance tout au long de cette période.

Donald Tusk est reconduit à la tête du gouvernement à l'issue des élections d'octobre 2011. Le déficit budgétaire passe de 7,9 % du PIB en 2010 à 5,6 % en 2011 et 3,4 % en 2012. Il devrait s'établir à 3,2 % en 2013 et à 2,7 % en 2014. La dette publique, après avoir atteint 56,4 % du PIB en 2011, s'établit à 55 % du PIB à la fin de 2012. Les inégalités se sont néanmoins beaucoup accrues, et le taux de chômage, qui était de 8,2 % en 2009, va atteindre autour de 11 % en 2013.

Une réforme des retraites adoptée en juin 2012 prévoit le recul progressif de l'âge de départ à la retraite jusqu'à 67 ans en 2020 pour les hommes (contre 65 ans actuellement) et en 2040 pour les femmes (contre 60 ans actuellement), et une limitation des conditions d'éligibilité au régime de retraite anticipée.

Dans son classement de *Doing business* 2013, la Banque mondiale salue les progrès effectués par la Pologne et les mesures prises par son gouvernement en la classant au 55ᵉ rang, soit un gain de 19 places par rapport à 2012, la progression la plus forte du classement.

Le Mexique de Enrique Peña Nieto

Dans un contexte très différent, un dernier exemple montre un pays où un président nouvellement élu a su mettre en place, en l'espace de quatre mois, un ensemble de réformes très bien préparées, tout en ayant gagné à sa cause un grand nombre de ses adversaires politiques.

Quand ont lieu, le 1er juillet 2012, les élections générales au Mexique, la situation du pays est apparemment excellente : après un effondrement en 2009 (6 %), la croissance a repris, s'établissant à 5,3 % en 2010, puis à 3,9 % en 2011 et 2012. Le taux de chômage est officiellement de 4,8 % en 2012. Les déficits budgétaires, supérieurs à 4 % du PIB en 2009 et 2010, ont été ramenés à 3,4 % en 2011 et à 3,7 % en 2012 ; selon le FMI, ils seront inférieurs ou égaux à 3 % à compter de 2013. La dette publique est comprise entre 43 et 45 % du PIB depuis 2008.

En réalité, 52 millions de Mexicains (soit 46,2 % de la population) vivent sous le seuil de pauvreté. Les violences ont fait près de 70 000 morts et 27 000 disparus au cours des six dernières années ; 1,5 % de la population consomme des drogues illégales en 2011 ; les cartels recruteraient quelque 9 000 jeunes chaque année ; les trafiquants de drogue ont en outre progressivement diversifié leurs activités : vols à main armée, extorsions, kidnappings, trafic d'êtres humains.

Par ailleurs, la partie légale de l'économie est entre les mains de quelques monopoles : Petroleos Mexicanos (Pemex), entreprise nationale, détient celui du pétrole, qui fournit un tiers des recettes du gouvernement et a représenté de 7 à 10,5 % du PIB mexicain au cours des dernières années ; América Móvil, l'entreprise de Carlos Slim, contrôle 70 % des lignes de téléphone fixe et 75 % de la téléphonie mobile ; deux chaînes de télévision, Televisa et TV Azteca, se partagent 96 % du marché.

Le 1er juillet 2012, Enrique Peña Nieto, candidat du PRI, le Parti révolutionnaire institutionnel au pouvoir de 1929 à 2000, remporte l'élection présidentielle ; il prend ses fonctions le 1er décembre. Son parti ne disposant pas d'une majorité à la Chambre des députés ni au Sénat, il aura besoin de s'appuyer sur des coalitions pour l'adoption de réformes (en particulier celles d'entre elles qui requerront une révision de la Constitution mexicaine).

Le président nouvellement élu propose d'emblée aux dirigeants des deux autres principaux partis (Parti de l'action nationale et Parti de la révolution démocratique) la signature d'un « Pacte pour le Mexique » comprenant plusieurs réformes à mener à court terme en différents domaines (la croissance, l'emploi, la compétitivité ; la sécurité et la justice ; les droits et libertés ; la transparence, la responsabilité, la lutte contre la corruption ; une gouvernance démocratique). Après cinq mois de transition utilisés à affiner son programme et à le négocier avec les partenaires politiques et sociaux, ce « Pacte pour le Mexique » est cosigné par les partis d'opposition, ce qui permet au président de lancer un ensemble de réformes majeures, promettant d'atteindre un taux moyen de croissance annuelle du PIB de 5 %.

C'est un ensemble de mesures, bien conçues, audacieusement et professionnellement mises en œuvre par un président pourtant sans autre expérience que celle de la gestion locale :

• En matière de sécurité, renforcement des pouvoirs du ministère de l'Intérieur et du bureau du procureur général ; création d'une gendarmerie nationale placée sous les ordres du ministère de l'Intérieur, ayant vocation à remplacer les acteurs militaires qui contribuent aujourd'hui à la sécurité publique au Mexique ; adoption d'un nouveau Code pénal et d'un Code de procédure pénale ;

• Remplacement du ministère de l'Administration publique par une commission anti-corruption au sein du Département du Trésor ;

• Garantie d'une retraite pour tous les Mexicains de plus de 65 ans, et augmentation des moyens du programme *Oportunidades* (qui fournit aux familles pauvres les moyens de scolarisation et de suivi médical des enfants) ;

• Réforme de l'éducation pour rendre au gouvernement, en dépit de l'opposition du syndicat des enseignants qui en a pris le contrôle, la responsabilité du recrutement et de l'avancement des professeurs, et création d'une autorité indépendante chargée de les évaluer ;

• Réforme fiscale visant à réduire les subventions et les manques à gagner (notamment par application de la TVA aux médicaments et à la nourriture) et à améliorer l'efficacité de la collecte des impôts (simplification des règles, répression de l'évasion fiscale...).

• Ouverture de la compagnie pétrolière nationale au privé par des partenariats avec des acteurs privés, afin d'améliorer ses performances en matière d'exploration et de production, sans renoncer à son statut d'entreprise publique ;

• Reconnaissance dans la Constitution d'un droit d'accès à Internet à haut débit et organisation de la fin des monopoles dans les secteurs de la téléphonie, d'Internet, de la télévision et de la radio.

Le temps devrait rapidement dire si ces réformes bien pensées vont porter leurs fruits.

*

Même si les réformes intervenues dans ces pays sont très différentes politiquement et techniquement et tiennent compte des circonstances spécifiques, toutes réunissent les mêmes caractéristiques :

1. **Une conscience du danger**, résultant d'années de débats publics et de la prise au sérieux d'alertes émises par des experts nationaux et internationaux, identifiant les points faibles et les risques économiques, politiques et sociaux, d'une prolongation de la dynamique actuelle. C'est ce que j'ai appelé ici « parcourir le chemin d'éveil » ;

2. **Une vision claire de l'action à mener**, conduisant à définir précisément, si possible avant l'accession au pouvoir, les principaux points d'action, tournant en général autour de l'élimination des rentes, de la justice sociale, de la libération des mœurs, de la réduction des déficits, de l'amélioration de l'éducation, de l'efficacité de l'administration, d'une meilleure mobilité sociale, du renforcement de l'état de droit et du dialogue social ;

3. Des principes d'action simples permettant de transformer l'appareil public en distinguant une **politique d'efficacité** d'une politique d'austérité (en sorte que la réforme ne se réduise pas à des coupes aveugles, mais qu'elle soit l'occasion d'une modernisation des entités réformées) et avec une préoccupation constante de **justice sociale**, afin de répartir le plus équitablement possible le poids de la réforme ;

4. Une opposition et des partenaires sociaux constamment associés à la réflexion et à la décision, même s'ils ne l'approuvent pas ;

5. Une opinion sans cesse informée, en détail et sans langue de bois, sur la nature des réformes, leur ampleur, leur coût, leur impact attendu, la nature du projet à long terme, en replaçant chaque mesure particulière dans la perspective d'ensemble ;

6. Une équipe gouvernementale restreinte, soudée, courageuse et professionnelle ;

7. Le maintien des réformes promulguées par la majorité précédente quand elles sont utiles au redressement du pays.

On se prend à rêver de ce que pourrait être la France d'aujourd'hui si Lionel Jospin avait été Jean Chrétien ; si Jacques Chirac avait été Carl Bildt ; si Nicolas Sarkozy avait été Gerhard Schröder ; et si Francois Hollande avait bénéficié de la préparation, de la profondeur programmatique et de la rapidité d'exécution d'Enrique Peña Nieto.

Et surtout si chacun d'eux ne s'était pas empressé de défaire le peu qu'avait osé faire, dans le bon sens, son prédécesseur...

CHAPITRE 10

Une mobilisation nationale autour de dix chantiers

Tout ce qui précède aura permis de mesurer à quel point la France est aujourd'hui à la croisée des chemins : elle est menacée d'un irréversible déclin ; sont en jeu non seulement le sort d'une majorité politique, mais aussi celui de la démocratie. Un tel diagnostic pourrait inciter les derniers talents à partir et conduire les autres à vivre au mieux cette décadence ou à tirer le meilleur parti des aléas d'une éventuelle révolution.

Je suis pourtant convaincu que rien n'est perdu, que les villes et villages de France, qui existent et prospèrent, pour beaucoup d'entre eux, depuis plus d'un millénaire, peuvent ne pas devenir des musées ou des déserts, comme le sont les « villes-cœurs » du passé.

Malgré les lâchetés, les paresses et les erreurs de ces trente dernières années, la France a encore les moyens de retrouver le chemin du plein-emploi et de la croissance, de s'ouvrir à la modernité sans perdre son identité, de rester une grande démocratie et une puissance majeure, de redevenir attractive pour sa jeunesse et pour le reste du monde ; et pour cela, de donner la priorité à la société du savoir, de frayer une voie vers une nouvelle forme de relations sociales et une économie plus durable et positive. Pour y parvenir, il est d'abord indispensable de reprendre confiance et de ne pas gaspiller les extraordinaires atouts dont dispose le pays.

Nous avons une démographie qui se tient beaucoup mieux que celle du reste de l'Europe, mais nous ne donnons pas leur chance aux jeunes. Nous avons un taux d'épargne élevé, mais qui abonde les livrets A et achète de la dette publique au lieu de financer l'industrie. Nous avons de très bons chercheurs, mais leurs travaux peinent à irriguer l'industrie. Nous avons tout pour être une grande nation industrielle, mais nous nous désindustrialisons faute d'une compétitivité suffisante. Nous avons une tradition de réseaux, mais nous avons du mal à mettre en place les infrastructures de l'économie numérique et de la transition écologique. Nous avons la francophonie, mais nous ne nous appuyons pas sur ce formidable potentiel pour accroître notre influence politique, économique et culturelle dans le monde. Nous avons bâti l'Union européenne, mais nous la laissons en jachère. Nous avons un formidable littoral, mais pas de très grands ports.

Cette prise de conscience, que décrivent les neuf chapitres précédents, est la clé de la réussite. Sans elle, aucun projet, aucune réforme précise, aucune mesure technique ne saurait réussir.

À supposer qu'elle ait lieu, cette prise de conscience ne suffira pas ; il faudra en plus dessiner un projet, mettre en œuvre un programme tenant compte de toutes les découvertes effectuées au long de ce chemin d'éveil, et tenir ferme face aux oppositions, qui ne manqueront pas. C'est possible et urgent. Il ne reste que quelques mois, un an au plus, pour que chaque Français, chacun à la place qu'il occupe, prenne les bonnes résolutions, les bonnes décisions. Et les mette en pratique.

Un projet

Il appartient d'abord à la majorité parlementaire, au gouvernement et, au premier chef, au président de la République de donner une définition claire de leur ambition pour le pays.

Cette définition doit intégrer tous les éléments de la démonstration qui précède pour fixer enfin un cap, incertain depuis plusieurs décennies.

Une vision juste d'un projet pour le pays doit d'abord énoncer des faiblesses et des menaces ; elle doit dénoncer ses rentes et ses privilèges, et glorifier ses atouts. Elle doit ensuite montrer que tout est encore possible, parce que d'autres pays sont parvenus à se réformer. Elle doit énoncer l'urgence de l'action, dans un monde de plus en plus concurrentiel. Elle doit expliquer qu'on peut évoluer vers un pays plus fraternel, solidaire, mobile, agile, ouvert aux nouvelles technologies, tourné vers la mer, mettant l'accent sur les liens directs entre ses principales villes et ses multiples territoires sans passer nécessairement par la capitale ; un pays où nul ne serait laissé à l'écart ; où le chômage ne serait qu'une occasion d'apprendre ; où l'on ne supporterait aucune violation d'aucun droit de l'homme ; où chacun serait conscient de ses devoirs à l'égard des autres. Un pays qui aurait retrouvé l'estime de lui-même ; un pays fier de son passé, de son présent, de ses paysages, de ses monuments, de ses anciens, de ses enfants, de ses cultures, de ses citoyens comme des étrangers qui y résident ; un pays dont les habitants aimeraient échanger, se faire confiance, agir ensemble. Un pays soucieux de rester libre, c'est-à-dire compétitif, maître de ses dettes (publique et extérieure). Un pays où la mobilité sociale s'accompagnerait d'une protection des plus faibles, où l'éducation serait permanente pour tous, où les talents du monde entier seraient les bienvenus. Un pays où la créativité et l'innovation seraient mises en valeur, où les rentes seraient méprisées, où seraient valorisés le succès, l'exceptionnel, l'original, la prise de risques ; où les jeunes des quartiers auraient eux aussi accès aux meilleurs postes ; où chacun serait encouragé à se lancer dans l'aventure entrepreneuriale pour faire naître et croître des entreprises, des coopératives, des mutuelles, des associations, des ONG.

Un pays où pourrait prévaloir une vision plus altruiste, plus positive de l'économie et de la société, chacun y devenant plus soucieux de l'intérêt des générations à venir. Un pays où les gens auraient enfin compris qu'il est de leur intérêt de s'aider les uns les autres.

Un pays qui ferait de la francophonie une dimension majeure de son avenir. Un pays qui se considérerait comme un acteur essentiel de l'approfondissement démocratique de l'Union européenne, dans une relation de confiance constructive avec chacun de ses partenaires. Un pays assumant sa responsabilité dans le développement de ses régions et territoires d'outre-mer. Un pays conscient des enjeux écologiques et humains de la planète et qui y serait exemplaire. Un pays où le gouvernement se soucierait moins des sondages que de la trace qu'il laissera dans l'Histoire, et où l'opposition réfléchirait à ses erreurs passées pour ne pas les répéter à l'avenir.

Une fois cette vision formulée et expliquée par le président et ceux qui l'entourent, ils devront se lancer dans une action globale, cohérente et rapide, pour la mettre en œuvre. Car, même si tout le pays doit être mobilisé, c'est bien au président et à lui seul qu'il appartient de donner le coup d'envoi de cette mobilisation générale. Et de résister aux frondes et aux colères.

Dix chantiers

Les actions concrètes à entreprendre doivent être simples, précises, clairement reliées à la vision qui précède, et elles doivent en particulier permettre de réduire rapidement le chômage, de maîtriser la dette et de relancer durablement la croissance.

Idéalement, ces réformes doivent se traduire par des décisions si bien préparées, si négociées, si efficaces qu'elles ne seront pas remises en cause par de futures majorités.

La liste de réformes qui suit n'épuise pas tout ce que je souhaiterais voir changer en France ; en particulier, elles ne portent presque pas sur le changement du modèle de production ni sur l'évolution de la gouvernance mondiale. Elle englobe seulement ceux des changements qui me semblent pouvoir être engagés sans délai, avec un impact rapide sur les enjeux les plus urgents.

Pour la plupart, ces mesures sont déjà bien connues ; elles ont déjà été longuement débattues en d'innombrables enceintes. Toutes résultent de travaux préparatoires menés depuis des années et dont tous les éléments sont disponibles ; en particulier, des commissions en ont fait l'examen et ont conclu leurs travaux par des recommandations unanimes, reprises ensuite par d'autres commissions ou par d'autres rapports. On connaît donc parfaitement leurs contours, leurs coûts, les objections qu'on peut leur faire, les bénéfices à en attendre. Toutes sont conçues pour ne pas aggraver les dépenses publiques ni la pression fiscale, et pour aider à rétablir un peu plus de justice sociale. La plupart ont été approuvées en privé par l'essentiel de la classe politique et la plupart des dirigeants syndicaux – les mêmes que j'ai trop souvent entendus les réfuter avec indignation en public.

Personne ne peut plus ni ne doit plus aujourd'hui les repousser : ni la droite qui aurait dû les mettre en œuvre depuis dix ans, ni la gauche qui en connaît l'efficacité et l'équité, et à qui incombe, ici et maintenant, la responsabilité d'agir.

C'est, d'une certaine façon, une chance pour la France – sa dernière chance ? – que d'avoir ainsi tant de problèmes à résoudre et tant de solutions disponibles : voilà qui lui permet d'espérer bien des progrès.

Il est indispensable de mener de front ces réformes, d'un seul tenant : les expériences françaises et étrangères précédemment décrites montrent en effet que seuls sont efficaces des programmes appliqués globalement et rapidement. La lenteur dans la réforme ouvre la voie à la réaction paralysante de tous ceux qui ont quelque chose à y perdre. Plus on agit vite, moins on aura d'oppositions à affronter.

Autrement dit, comme en 1945 et en 1981, comme plus récemment en Suède, au Canada ou ailleurs, il faut, une fois de plus, oser simuler, dans le cadre de la réforme démocratique, le tempo d'une révolution : faire une révolution pour éviter la révolution.

Si ces réformes sont entreprises sur-le-champ, conduites professionnellement, sans procrastiner, et sur tout le territoire de la République, en métropole et en outre-mer, leur impact peut être considérable : dans cinq ans, le taux de chômage peut redescendre au-dessous de 7 % de la population active ; la croissance annuelle du PIB peut dépasser 2 % ; la dette publique peut baisser au-dessous de 80 % du PIB ; la balance des paiements peut redevenir excédentaire ; le pays peut s'être donné les institutions dont il aura besoin dans le monde qui vient ; la mobilité sociale peut être de nouveau en marche ; les talents et les entrepreneurs du pays peuvent rester, et même revenir, en tout cas restés liés au pays ; la France peut recouvrer sa fierté en elle-même et sa confiance en l'avenir.

Ces réformes sont nombreuses et couvrent un champ considérable. Leur accumulation peut décourager ou intimider, en donnant l'impression que la marche à franchir est trop haute. Elles constituent cependant une opportunité pour la France, et non une potion amère que la mondialisation nous administrerait de force. Leur finalité n'est pas d'infliger au pays un remède de cheval pour le voir « mourir guéri ». Au contraire, elles visent à mieux valoriser nos atouts pour sortir de la crise par le haut.

Elles s'inspirent en particulier de ce qui a réussi chez nos voisins et qui peut être importé chez nous sans renier nos valeurs.

Ces chantiers sont de deux natures différentes : cinq d'entre eux sont destinés à restaurer la capacité d'action de l'État (la réforme des institutions, l'efficacité de l'État, le renforcement de la défense, la promotion de la francophonie, les progrès de l'Europe). Cinq autres sont destinés à faire repartir la croissance et l'emploi (promouvoir le savoir, organiser le plein-emploi, casser les rentes, promouvoir les entreprises, développer les nouveaux réseaux de l'économie positive).

Chaque ensemble ne va pas sans l'autre : nous avons besoin de restaurer notre liberté d'action pour stimuler la croissance et l'emploi. Nous avons besoin de croissance et d'emploi pour donner une meilleure assise aux institutions et au choix européen.

RESTAURER NOTRE CAPACITÉ D'ACTION

1er chantier : Réformer les institutions par référendum

Pour que toute action soit efficace, il faut créer les conditions d'une plus grande efficacité de l'exécutif et d'une plus grande concentration du législatif sur l'intérêt général. Cela supposerait la mise en œuvre, par autant de lois ou de référendums que nécessaire, des réformes suivantes.

Un exécutif plus puissant

• Limiter constitutionnellement à dix le nombre des ministères de plein exercice (Défense, Intérieur, Justice, Affaires étrangères, Économie et Finances, Éducation, Recherche et Culture, Santé, Travail, Industrie et Écologie), et à dix le nombre des ministres délégués, afin d'obliger à constituer une équipe gouvernementale efficace ;

• Regrouper certaines régions pour en réduire le nombre à 16 (Haute et Basse-Normandie, Nord-Pas de Calais et Picardie, Alsace et Lorraine, Bretagne et Pays de Loire, Bourgogne et Franche-Comté, Auvergne et Limousin) ;

• Supprimer l'échelon départemental en le fusionnant, dans les 55 départements où il en existe au moins une, avec une agglomération, et dans les 40 autres en créant une telle agglomération regroupant toutes les communes du département, et renvoyant certaines responsabilités à la région. Une telle réforme rapportera 11 milliards d'euros par an et réduirait de 20 % les dépenses de gestion ;

• Regrouper les communes, comme le font la Finlande et le Danemark, au lieu de les inciter à une simple collaboration. On peut raisonnablement réduire leur nombre à moins de 10 000 ;

• Inscrire dans la constitution un pacte financier entre l'État et les collectivités territoriales pour maîtriser la dépense publique. Ce pacte conditionnerait les transferts de l'État à des objectifs de performance préalablement définis.

Un législatif plus efficace

• Diminuer le nombre de parlementaires sur le modèle américain (435 représentants et 100 sénateurs) en fixant le nombre de députés à 300 au lieu de 577 et le nombre de sénateurs à 200 au lieu de 348 ; en augmentant par ailleurs leurs moyens d'action et d'enquête ;

• Introduire 15 % de proportionnelle dans le mode de scrutin législatif pour mieux représenter les divers points de vue, sans remettre en cause la stabilité des majorités ;

• Interdire tout cumul de mandats électifs et limiter leur nombre à trois mandats consécutifs pour renouveler progressivement la classe politique ;

• Limiter à trois le nombre d'établissements publics locaux où pourrait siéger tout élu local ;

• Transformer le Conseil économique, social et environnemental en « Conseil du long terme » chargé de donner au Parlement, sur tout projet de loi, un avis tenant compte de l'impact du texte proposé sur les générations à venir. Le Parlement devrait répondre à cet avis de façon circonstanciée ; l'insuffisance de la réponse constituant un motif de censure de la loi par le Conseil constitutionnel.

L'ensemble de ces réformes devrait être soumis au Parlement ou, pour certaines d'entre elles, à un référendum. L'un ou l'autre pourrait échouer, comme échoua celui d'avril 1969 sur des sujets voisins. Le président de la République ne devrait pas mettre son mandat dans la balance à cette occasion, afin de ne pas voir, une fois de plus, les électeurs se prononcer sur une question autre que celle qui leur est posée.

2ᵉ chantier : Rendre efficaces les dépenses publiques pour maîtriser la dette sans casser la croissance

Malgré l'indulgence provisoire des marchés, confirmée par la décision de la Commission européenne d'accorder deux ans de sursis à la France pour faire revenir le déficit budgétaire en dessous de 3 % du PIB, la dérive est si grande qu'il est urgent d'agir. D'autant plus que, comme on l'a vu, les marchés versatiles peuvent se retourner très vite.

Pour maîtriser la dette sans casser la croissance et la ramener en cinq ans au-dessous de 80 % du PIB, il convient de passer d'une politique d'austérité à une politique d'efficacité. À cette fin s'imposent pendant trois ans des réformes rigoureuses, inévitablement impopulaires dans la mesure où elles s'attaqueront à de nombreuses rentes. Si on n'a pas le courage d'y procéder, rien de ce qui précède ni de ce qui suit n'aura de sens.

Le faire permettra de sortir du faux débat sur l'austérité : la vie restera austère pour les plus pauvres, quel que soit le laxisme budgétaire, qui ne les aidera en rien. Il faut donc raisonner en termes d'efficacité et non de rigueur, pour faire un meilleur usage d'un argent public limité.

Les économies indispensables ne doivent pas se traduire par une dégradation des services publics, mais par leur réorganisation, leur responsabilisation et leur numérisation. Pour améliorer la productivité du secteur public, il faut abandonner l'idée d'une réduction budgétaire annuelle, automatique et aveugle, au profit d'une réflexion stratégique pluriannuelle menée par les ministres, sous l'autorité du chef de gouvernement, selon le modèle canadien. Il importe de commencer ce travail dès le budget 2014, qui devra être modifié en conséquence. Voici les mesures qui devraient être prises.

Mieux contrôler les dépenses

• Obliger chaque ministre à repenser l'organisation de son action avec pour objectif de réduire ses dépenses de 10 % en trois ans, non par des coupes aveugles ni par des réductions d'investissement, mais en rendant les services publics plus efficaces, plus justes et moins coûteux. Cela devrait permettre de s'abstenir de remplacer jusqu'en 2017 les deux tiers des fonctionnaires d'État, des collectivités territoriales et de la Sécurité sociale partant à la retraite, et, en conséquence, d'économiser 5,5 milliards d'euros en quatre ans et de supprimer 200 000 postes. Cela devrait conduire à pouvoir poursuivre pendant trois ans le gel en valeur, hors dette et pensions, des dépenses d'intervention de l'État, ce qui économiserait 2 milliards par an dès 2014 ;

• Simplifier massivement les procédures, en particulier les 1500 dispositifs d'aides aux entreprises ;

• Transformer en agences les départements ministériels dont la mission est purement opérationnelle, sur le modèle suédois décrit plus haut ;

• Réunir préfectures, directions départementales des finances publiques et caisses d'allocations familiales au sein de « maisons de l'État » garantissant un traitement égal à chaque citoyen et des services publics plus efficaces ;

• Maîtriser les transferts de l'État aux collectivités territoriales en les rendant plus efficaces, ce qui devrait permettre de réduire les dotations de l'État de 2 % par an pendant trois ans, en réduisant les dégrèvements d'impôts et en prévoyant des mécanismes de péréquation au profit des collectivités les moins riches. Cela économiserait 2 milliards par an ;

• Les mêmes efforts de réformes devraient permettre de geler en volume pendant trois ans les subventions aux établissements et agences publics ; là aussi, 2 milliards d'économies par an seraient ainsi possible ;

• Fusionner les caisses sociales au niveau régional et réduire le nombre des membres de leurs conseils d'administration (ils sont jusqu'à 27 dans les caisses primaires d'assurance maladie !) ;

• Une drastique simplification de l'organisation de la Sécurité sociale devrait permettre de réduire les dépenses de 3 milliards d'euros en trois ans ;

• Dérembourser intégralement des médicaments à vignette bleue et orange dont le service rendu en termes médicaux est reconnu comme faible ;

• Développer les maisons de santé et l'hospitalisation à domicile sur tout le territoire ;

• Lancer dix grands projets d'informatisation des services de l'État et de la Sécurité sociale ;

• Dans un souci de justice sociale, mettre sous condition de ressources et geler certaines prestations sociales ; cela rapporterait 4 milliards d'économies en trois ans ;

• Pour favoriser les plus jeunes, maîtriser les dépenses des retraites des fonctionnaires de l'État et des collectivités locales, en désindexant les pensions d'un point par an du taux de l'inflation, ce qui limiterait les dépenses de 4 milliards d'euros d'ici à 2017.

L'ensemble, bien conduit, pourrait permettre de réaliser une économie d'au moins 40 milliards sur trois ans, donc de réduire d'autant, c'est-à-dire de 2 à 4 points, la part des dépenses publiques dans le PIB. Certains estiment même que cela pourrait même rapporter jusque 10 points de PIB.

Moderniser la fiscalité

• Dans un souci démocratique, faire payer l'impôt sur le revenu, même à un niveau symbolique, par tous les citoyens ;

• Accorder beaucoup plus de moyens à l'administration fiscale pour lutter contre la fraude ;

• Remplacer une part significative des charges sociales par de la TVA, afin de réduire le coût du travail et d'augmenter la compétitivité à l'exportation ;

• Rendre la fiscalité sur le revenu du capital et de l'épargne plus favorable à l'investissement en entreprise et compatible avec la concurrence internationale, sur le modèle suédois, c'est-à-dire avec un taux forfaitaire sur les revenus du capital, quel qu'en soit le montant ;

• Réduire le taux de l'impôt sur la fortune à un niveau compatible avec l'inflation et avec le rendement réel des obligations d'État pour qu'il ne soit plus, comme aujourd'hui, une façon d'amputer les patrimoines ;

• Éliminer en trois ans le quart des 100 milliards d'euros de niches fiscales et sociales, à commencer par une action sur : les niches sur le logement ; les niches défavorables à l'environnement (notamment les exonérations de TIPP, de taxe intérieure sur la consommation de charbon, ou de taxe intérieure de consommation de gaz naturel) ; les effets d'aubaine induits par les taux réduits de TVA (dont le coût par emploi créé est très supérieur à celui des allègements de charges sur les bas salaires) ; la fiscalité sur l'outre-mer ; les niches dépendant du statut plutôt que du revenu (par exemple, l'abattement pour frais professionnels des retraités). Tout cela entraînerait une hausse des recettes d'environ un point de PIB, soit 20 milliards d'euros en trois ans ;

• Élargir l'assiette de la fiscalité sur les successions afin d'améliorer la justice sociale et la mobilité du capital, sans pénaliser les transmissions d'entreprises ;

• Enfin, il faut autant que possible assurer la stabilité à long terme de la législation fiscale pour rendre prévisibles les revenus et les patrimoines.

Ces réformes portant sur les dépenses et les recettes publiques permettraient au total une amélioration structurelle d'au moins 80 milliards du solde budgétaire, lequel deviendrait excédentaire au bout de trois ans, ce qui permettrait d'enclencher une baisse franche du ratio dette/PIB dès 2015 et de le ramener – si les autres mesures ici proposées font effet sur la croissance – autour de 80 % d'ici cinq ans.

Réformer les retraites

Sans réforme, même dans le scénario le plus favorable (+1,8% de croissance de la productivité à long terme, 4,5 % de taux de chômage à long terme), le besoin de financement du système des retraites passera de 13,2 milliards en 2011 à 20,2 milliards en 2017, soit 0,9 point de PIB. Pour éviter cette faillite, il faut dès maintenant, après consultation des partenaires sociaux :

• Réformer l'organisation des régimes des retraites, en mettant en commun certaines fonctions, ce qui permettrait d'économiser 3 milliards d'euros par an et répondrait à la demande des salariés, qui souhaitent n'avoir qu'un interlocuteur et un seul versement par mois ;

• Allonger les cotisations retraite du régime général d'un trimestre par an jusqu'en 2021, pour les porter à 44 ans à cette date. L'allongement de deux années et demie de la vie active pourrait augmenter le PIB de 5 % ;

• Désindexer les retraites d'un point par an pendant deux ans ;

• Accroître la possibilité d'arbitrer librement entre niveau de pension et durée de cotisation ;

• Aligner progressivement tous les régimes spéciaux sur le régime général ;

• Mettre en place, à terme, de façon volontaire et sur les modèles polonais et suédois, un système de comptes individuels de cotisation retraite, par lequel chacun cotiserait un pourcentage identique de son revenu. Cela ouvrirait des droits crédités sur un compte individuel qui s'inscrirait dans le système actuel par répartition. Les prestations qui ne contribuent pas actuellement au financement des retraites (chômage, maternité, retraite, maladie, minimum vieillesse) seraient en partie versées directement sur chaque compte individuel et ouvriraient des droits, à tout âge, quel que soit le statut, à une pension calculée en fonction de l'âge et de la génération. Les carrières longues alimenteraient leur compte plus longtemps. Au total, on cumulerait ainsi les avantages de la répartition et de la capitalisation.

3e chantier : Renforcer la défense nationale

Des choix sont tout aussi urgents en ce domaine, sous peine de devoir affronter les enjeux géostratégiques de demain avec les moyens d'hier. Il convient pour cela de dégager des moyens nouveaux et de repenser les priorités, en sortant du carcan mental qu'imposaient la guerre froide et l'affrontement Est-Ouest.

• Réduire de moitié la composante sous-marine de nos forces armées nucléaires, qui ne serait plus, dès lors, mobilisée en permanence, mais serait maintenue en veille et ne prendrait la mer que pour assurer l'ultime recours de crise, si une menace de conflit impliquant une autre puissance nucléaire venait à être identifiée ; ce premier échelon de mobilisation effective de la composante navale constituerait un premier message très fort destiné à dissuader le(s) État(s) menaçant(s). Cette réforme serait une révolution majeure dans la posture militaire française ; elle permettrait de prendre acte de ce que la menace nucléaire n'est pas aujourd'hui la plus importante, sans réduire notre capacité de dissuasion ;

• Réallouer l'économie ainsi réalisée à terme pour un premier tiers à l'acquisition d'avions destinés à la marine et d'avions ravitailleurs multi-rôles, pour un deuxième tiers à des moyens d'action de cyber-défense et d'emploi de drones armés et, pour un dernier tiers, au renforcement des forces spéciales ; tous moyens qui sont et qui seront de plus en plus essentiels ;

• Développer conjointement avec l'Allemagne des capacités cyber-offensives, dont l'importance ne fera que croître ;

• Développer conjointement avec le Royaume-Uni des capacités en matière de drones armés, là encore, un domaine essentiel de la défense et de l'offensive de l'avenir.

4ᵉ chantier : Oser la francophonie

Au moment où le numérique offre de plus en plus d'opportunités de travail, de formation, de distractions à distance, la francophonie doit être considérée, à côté du projet européen, comme le principal axe géostratégique de la politique étrangère française.

Des mesures concrètes doivent, à cette fin, être prises d'urgence en vue de constituer un puissant ensemble culturel, politique et économique.

• Rassembler toutes les entités qui s'en occupent dans l'administration française autour d'un « secrétariat général à la Francophonie » placé auprès du président de la République ;

• Maintenir et développer les financements destinés aux enseignements de français à l'étranger ;

• Maintenir et développer les financements destinés à accueillir les étudiants étrangers en France en vue de leur permettre d'acquérir la maîtrise de la langue française et de passer leurs examens en français ;

• Faciliter massivement la délivrance de visas, afin que ceux, touristes, hommes d'affaires, étudiants, de plus en plus nombreux, qui en solliciteront, ne choisissent pas d'entrer en Europe par un pays autre que la France ;

• Créer un titre de séjour minimal d'un an, suivant l'obtention du diplôme, afin de faciliter l'insertion professionnelle de jeunes étrangers diplômés en France, et un droit illimité au séjour des titulaires de doctorats obtenus en France ;

• Accueillir dans les universités françaises des étudiants ne parlant pas français, commençant leur cursus en anglais et le terminant en français, qui serait une matière essentielle de leur formation ;

• Traiter les instances internationales de la francophonie et les réunions internationales afférentes avec au moins autant de sérieux et de moyens que celles de l'Union européenne.

5e chantier : Oser l'Europe

La zone euro ne peut rester au milieu du gué. Si elle ne se dote pas rapidement des moyens de renforcer son intégration démocratique, elle explosera. Et je crois avoir démontré plus haut que la dislocation de la zone euro ferait le malheur des Français.

Une avancée vers une intégration démocratique de la zone euro est donc la condition de la préservation du bien-être des Français et de la souveraineté de la France. Pour y parvenir, il faudra :

• Renforcer au plus vite la relation franco-allemande par des échanges de projets : développer un échange scolaire obligatoire pour tous les étudiants du niveau du master, une politique conjointe de formation et d'emploi des jeunes, une politique conjointe de l'énergie ou, audace extrême, envisager de partager notre siège permanent au Conseil de sécurité de l'ONU ;

• Accélérer la mise en place de l'union bancaire en lui donnant un vrai pouvoir fédéral de contrôle des banques de chaque pays de la zone euro. Cela assure-rait la crédibilité de l'audit des établissements, de leur recapitalisation, et permettrait à terme de mettre en place un mécanisme commun de garantie des prêts ;

• Renforcer la gouvernance européenne en éten-dant le vote à la majorité qualifiée en conseil des ministres à tous les domaines de compétence, y com-pris la fiscalité et le social, quitte à la réserver à un premier cercle d'une dizaine de membres, ouvert à tous les autres, à la manière de Schengen en son temps ;

• Relancer la croissance continentale par des inves-tissements dans les secteurs de l'économie durable, financés par des eurobonds, emprunts à long terme de la zone euro, entité juridique non endettée : il est absurde de ne pas emprunter à 3 % pour financer les innombrables projets en matière d'environnement, d'éducation, de télécommunications ou d'urbanisme, dont la rentabilité à long terme est supérieure à 5 %. Les intérêts et les remboursements de ces emprunts seraient financés par le produit d'une taxe raison-nable sur les transactions financières ;

• Relancer l'emploi et la formation des jeunes, sur le modèle du « contrat d'évolution » (voir *supra*), par des investissements financés par la Banque euro-péenne d'investissement ;

• Permettre à la BCE de racheter les prêts des banques européennes aux PME, ce qui réduirait le coût du crédit à ces entreprises et contribuerait à relancer la croissance et l'emploi. Pour cela, accor-der à la BCE la garantie de la Banque européenne d'investissement ;

• Donner comme mission à la BCE de maintenir l'inflation à un taux compris entre 2 et 5 % ;

• Affirmer clairement qu'un euro surévalué n'est pas dans l'intérêt de l'Europe ;

• Imposer aux marchandises autorisées à la vente des normes de qualité et de sécurité européennes, afin de limiter les importations à bas coût, de mauvaise qualité et ne respectant pas les normes de sécurité des travailleurs édictées par l'OIT (Organisation internationale du travail) ;

• Entreprendre une harmonisation de la législation sociale européenne en généralisant les meilleures pratiques : par exemple, les politiques de guichets uniques, particulièrement abouties au Royaume-Uni, qui rapprochent les fonctions d'indemnisation de celles d'accompagnement et simplifient les démarches des citoyens ; l'école primaire sur le modèle finlandais, qui donne un certain pouvoir aux directeurs d'école ; la flexisécurité sur le modèle danois ; la politique d'immigration sur le modèle suédois ; la formation professionnelle sur le modèle allemand qui vise à encourager les formations longues et la simultanéité d'une formation avec un emploi à temps partiel ; les politiques scandinaves encourageant la médecine de « groupe », organisée autour de structures rassemblant des personnels multidisciplinaires ; la prise en charge suédoise des enfants de moins de trois ans, et la prise en charge française des enfants de trois à six ans, notamment par l'accueil en maternelle ;

• Recentrer la politique européenne de défense et de sécurité sur les intérêts stratégiques communs aux États membres de l'Union : protection du citoyen européen (gestion intégrée des frontières, protection du ciel européen, contrat capacitaire de sécurité civile, coordination renforcée pour la lutte contre le terrorisme, contre son financement et le contre crime organisé) ; stabilité internationale et aide à la démocratisation du monde, sur le modèle de l'Eufor pour le Darfour et d'Atalante pour la piraterie en mer d'Oman ; sécurisation des approvisionnements en ressources naturelles ;

• Instituer l'élection du président de l'Union européenne au suffrage universel, en fusionnant les pouvoirs actuels du président de l'Union et du président de la Commission ;

• Distinguer le parlement de la zone euro du parlement de l'Union européenne : à Bruxelles celui de l'Union ; à Strasbourg celui de la zone euro. Ce dernier réunirait les députés des 17 pays membres de la zone euro élus au Parlement européen (qui ne se sont d'ailleurs jamais réunis en tant que tels, même informellement). Il nommerait et pourrait renvoyer le président de l'Eurogroupe, qui deviendrait le ministre des Finances de la zone euro ; il auditionnerait le président de la BCE, contrôlerait le Mécanisme européen de stabilité (MES) et les progrès accomplis en vue de l'union bancaire ; il gérerait la coordination budgétaire et fiscale et lèverait la taxe sur les transactions financières au bénéfice d'un Trésor européen chargé d'émettre les eurobonds qui financeraient des investissements de croissance. Tout naturellement, un tel parlement s'érigerait progressivement en Assemblée constituante, et l'Europe démocratique pourrait commencer d'exister vraiment.

RELANCER NOTRE CROISSANCE

L'emploi de demain passe par la croissance, selon un modèle d'économie plus durable, plus intelligente, plus harmonieuse : positive.

6ᵉ chantier : Promouvoir le savoir

Comme le montre l'état des lieux détaillé au chapitre 3, l'urgente réforme de l'éducation doit viser à favoriser la mobilité sociale, à mieux accompagner le handicap, à améliorer la formation des enseignants, à développer l'usage d'outils numériques, à renforcer le contrôle continu, à modifier les rythmes scolaires, à adapter les formations aux besoins de l'avenir.

À cette fin, il faut lancer au plus tôt des réformes décisives, tout en sachant qu'elles n'auront évidemment pas d'effet substantiel dans les douze premiers mois. Mais le simple fait de les promulguer immédiatement montrera au pays que le pouvoir politique prend enfin au sérieux ses besoins réels, sans se contenter de satisfaire ceux, immédiats, des divers acteurs concernés par le système.

• Infléchir la formation des assistantes maternelles en sorte qu'elles soient mieux préparées à enseigner créativité et altruisme, coopération et apprentissage par l'échec ;

• Sur le modèle finlandais, reconnaître aux directeurs d'école et de collège un vrai pouvoir de coordination pour former une équipe adaptant ses programmes aux besoins des élèves. Le directeur devra participer à l'évaluation des enseignants, être responsable des résultats des élèves de son école ; il devra pouvoir piloter ses ressources, organiser le travail des équipes pédagogiques et le temps scolaire, participer à des expérimentations en matière de pédagogie innovante en vue de réduire l'échec scolaire. Il devra aussi mieux interagir avec les parents. Une telle réforme se heurterait dans un premier temps à la réticence de certains syndicats, qu'il faudra savoir convaincre ;

• Redessiner le socle commun des connaissances en y ajoutant le travail en groupe, l'économie et l'éthique. Pour cela, faire participer, à raison d'une demi-journée par semaine, les élèves à un travail associatif pour leur faire prendre conscience de l'importance de l'altruisme, de la coopération et de l'intérêt général ;

• Limiter à quinze par classe le nombre d'élèves de CP et de CE1 dans les établissements les plus difficiles ;

• Transférer massivement des moyens vers les établissements d'enseignement dans les ZUS ; y organiser un maximum de cours de soutien et de passerelles avec les grandes écoles ;

• Promouvoir et développer les « écoles de la deuxième chance » pour améliorer la mobilité sociale ;

• Renforcer l'apprentissage (formation en alternance) en le considérant comme une formation, non comme une préembauche et faire notamment en sorte qu'il puisse mener à l'obtention d'un diplôme d'enseignement supérieur ;

• Multiplier par trois, puis par cinq, les effectifs des promotions d'ingénieurs dans toutes les grandes écoles scientifiques : la demande au niveau mondial est colossale et nos ingénieurs comptent encore parmi les meilleurs de la planète ;

• Multiplier par dix le nombre d'étudiants Erasmus et étendre cette procédure aux apprentis dans le même nombre ;

• Approfondir la réforme des universités : doter progressivement les étudiants en licence des mêmes moyens et du même encadrement que les étudiants en classe préparatoire aux grandes écoles, en accordant la priorité à la formation des ingénieurs ; proposer aux étudiants de première année d'université, au début du second semestre, des réorientations rapides vers des filières professionnalisantes ; reculer le moment de la spécialisation par l'instauration de licences proposant des mineures et majeures, ainsi que des doubles cursus ; augmenter la mobilité en imposant une année à l'étranger, en doublant l'enseignement des langues et en dispensant quelques cours en langues étrangères (mais non des cursus entiers) ; développer les universités des métiers ; favoriser le retour à l'université après et pendant une expérience professionnelle ; exclure, dans une certaine limite, les revenus tirés d'un emploi-étudiant du calcul du plafond d'éligibilité pour les bourses de l'enseignement supérieur et les allocations logement ; accorder une plus grande autonomie aux universités (recrutement et rémunérations des personnels, recrutement des étudiants, ressources privées) ; regrouper plus encore les universités autour de pôles efficaces en créant les conditions d'une meilleure intégration entre enseignement, recherche et développement d'entreprises par les enseignants-chercheurs ; réformer l'Agence d'évolution des universités (Aeres) pour mieux évaluer les enseignants.

7e chantier : Organiser le plein-emploi par la formation

Le retour au plein-emploi ne se réalisera pas, on l'a vu, par une défense illimitée et indiscriminée des emplois du passé, ni par la protection des rentes, ni par le recrutement illimité de fonctionnaires ou d'emplois subventionnés. En revanche, il est accessible par la formation permanente de tous, en particulier des jeunes et des chômeurs, aux métiers de l'avenir, en même temps que par une politique active de créations et de développement des entreprises.

Pour y parvenir, il convient de repenser de fond en comble l'usage des ressources de la formation professionnelle (aujourd'hui 32 milliards) et de repenser la définition même du travail.

• Passer, entre tous ceux qui sont aujourd'hui sans emploi (ou qui auraient à en quitter un) et une « Agence d'évolution », un contrat de « salarié en formation et recherche d'emploi », dit « contrat d'évolution ». Le financement de cette agence sera assuré par les ressources aujourd'hui gaspillées en finançant des centaines d'organismes prétendument spécialisés dans la formation professionnelle. La formation peut porter sur un métier manquant de main-d'œuvre ou sur la création d'entreprise. Elle pourra être assurée par, et dans, les universités ; la recherche d'emploi sera assurée par Pôle Emploi et les organismes associatifs et privés aujourd'hui en charge. Cette réforme reviendra à transformer le statut du chômeur (qui se vit comme en situation d'échec, recevant une subvention publique) en un statut de salarié ayant pour travail de rechercher un emploi et de se former, et bénéficiant pour cela d'un contrat spécifique signé entre lui et la collectivité. Cette novation reviendrait d'une certaine façon à extrapoler le statut d'intermittent du spectacle, avec un budget équilibré et des obligations de formation et de recherche d'emploi, ou à imiter le modèle de certaines firmes de consultance qui rémunèrent et forment leurs consultants en formation pendant leur période d'« intercontrats ». Elle revient aussi à généraliser ce qui a déjà été fait timidement, sans le dire, sous le nom de « contrats de transition professionnelle » pour quelques dizaines de milliers de salariés menacés de perdre leur emploi. Elle consiste, enfin, à s'inspirer des précédents réussis dits de « flexisécurité », appliqués en Europe du Nord. Elle permettrait, selon les calculs du 2e rapport de la Commission de libération de la croissance française, de réduire rapidement le chômage de 500 000 personnes, moyennant un coût net compris entre 0,9 et 2,7 milliards d'euros, financé par une réduction du plafond d'indemnisation et sa dégressivité ;

• Ne plus faire de la formation un outil de financement des partenaires sociaux. Pour ce faire, organiser un financement des organisations syndicales et patronales, principalement par les cotisations de leurs adhérents, en limitant à 20 % les autres sources de financement, et leur faire publier des comptes audités et validés par des commissaires aux comptes indépendants ;

• Encourager fiscalement les emplois de service liés à la dépendance, à l'environnement, à la solidarité.

8ᵉ chantier : Promouvoir la création et le développement des entreprises

La solution au chômage se trouve aussi et surtout dans la création d'entreprises nouvelles et pérennes.

Aucun jeune ne devrait pouvoir se plaindre de ne pas trouver d'emploi s'il n'a pas cherché à en créer lui-même en fondant une entreprise, quitte à échouer à deux ou trois reprises. Aucune entreprise naissante ne devrait connaître d'obstacle à sa croissance. Il faut donc :

• Développer les institutions de conseil, d'accompagnement et de financement des créateurs d'entreprise, en particulier dans les quartiers difficiles et les ZUS où se concentre le chômage ;

• Assouplir pendant trois ans toute obligation bureaucratique et contraignante relevant du droit social et fiscal pour toute entreprise réellement nouvelle ;

• Aider toute entreprise en difficulté, en cas de plan social, à former à la création d'entreprise ses collaborateurs volontaires pour le départ ;

• Créer plusieurs parcs d'incubateurs d'entreprises de très haut niveau, en biotechnologies, nanotechnologies, neurosciences et sciences de l'information, associant collectivités locales, universités et entreprises privées, sur le modèle du Minatec de Grenoble.

9ᵉ chantier : Réduire les principales rentes

Les rentes foncières

• Augmenter la disponibilité de terrains constructibles en élevant, par décision de l'État, la hauteur autorisée des nouveaux immeubles, et en rendant constructible une partie du foncier disponible. En particulier, augmenter de 10 mètres la hauteur autorisée des nouveaux immeubles dans Paris. Une telle décision, qu'aucun maire n'osera prendre, doit être prise par l'État et ses représentants en région. Elle permettra d'augmenter massivement et rapidement le nombre de logements constructibles, de faire baisser les prix de leur construction et de leur vente, sans pénaliser pour autant les propriétaires, puisque toute habitation principale n'est qu'une valeur d'échange avec un autre logement. Les banques devraient pour cela porter une partie du poids de la réduction de la valeur de tout prêt associé à l'achat du bien immobilier ;

• Réaffecter les 40 milliards d'euros d'aides au logement à la construction de logements sociaux et aux logements intermédiaires, à l'exception de celles de ces aides qui ont un fort effet redistributif ;

• Créer sur Internet un marché du logement social afin de favoriser les mobilités professionnelles et géographiques, et d'imposer la mobilité dans le logement social.

Les corporatismes

• Réduire drastiquement le nombre d'organismes paritaires de collecte agréés pour la formation professionnelle, pour la taxe d'apprentissage et pour le 1 % logement ;

• Regrouper les chambres de commerce et d'industrie, les chambres de métiers et d'artisanat, les tribunaux de commerce ;

• Autoriser l'ouverture le dimanche de tous les commerces qui le souhaitent, en particulier dans les villes touristiques comme Paris ;

• Regrouper progressivement toutes les professions juridiques dans une grande « profession du droit » ;

• Autoriser les compagnies de voitures de transport, parallèlement à l'augmentation du parc existant de taxis ;

• Développer massivement les systèmes de covoiturage et d'auto-partage.

10ᵉ chantier : Développer les nouveaux réseaux de l'économie positive

Enfin, commencer tout de suite à réorienter l'appareil de production vers des secteurs utiles à long terme, c'est-à-dire vers l'économie positive, en faisant financer cette restructuration par la vente d'une partie des participations actuelles de l'État dans l'industrie, sans y perdre ni droits de vote ni présence dans les conseils d'administration.

• Favoriser le financement à long terme des secteurs d'avenir (santé, éducation, robotique, minerais stratégiques, énergie, protection de l'environnement, efficacité énergique, services numériques, biotechnologies et transports) ;

• Faire en sorte que le prix du carbone soit le même pour l'ensemble des acteurs, alors qu'il est aujourd'hui cinq fois plus élevé pour l'essence que pour le gazole ;

• Développer massivement les compétences et les moyens en matière de *cloud computing*, de logiciels, de gestion informatique ;

• Mettre en place avec les opérateurs téléphoniques un plan de déploiement des infrastructures très haut débit, fixes et mobiles ;

• Développer des réseaux physiques et virtuels « en labyrinthe », et non plus « en étoile », autour de Paris ; développer en particulier les lignes de chemin de fer, les réseaux fluviaux et la fibre à partir des principaux ports du pays ;

• Parachever la fusion des ports de Paris, Rouen et Le Havre, déjà réunis dans l'Haropa, pour rapprocher Paris de la mer, en les dotant des moyens d'une action globale sur la vallée de la Seine. Ce projet pourrait même constituer le « grand projet » qui marquerait plusieurs présidences, puisqu'annoncé en 2007 avant d'être abandonné en 2009, il structurerait, s'il était repris et mené à bien, un tout autre regard de la France sur elle-même ;

• Se doter d'un schéma crédible, de long terme, de remise à niveau des canaux ;

• Modifier les articles 1832 et suivants du Code civil pour prendre en compte, dans la définition de l'entreprise, les nouveaux enjeux du développement positif, et limiter le rôle des actionnaires, s'ils sont seulement désireux de « partager des bénéfices ou de profiter de l'économie qui pourra en résulter » ; en particulier, modifier l'article 1833 du Code civil qui dispose que « toute société doit avoir un objet licite et être constituée dans l'intérêt commun des associés », en le reformulant ainsi : « Toute société doit avoir un objet licite, être constituée et gérée dans l'intérêt social, qui impose de concilier les dimensions économiques, sociales et environnementales à long terme, en concertation avec les parties prenantes à l'entreprise » ;

• Promouvoir le développement des entreprises coopératives et sociales et faire de l'économie positive un objectif prioritaire des entreprises, quelles qu'elles soient.

L'ensemble de ces réformes peuvent et doivent être décidées et mises en œuvre sans attendre. Elles auraient concrètement et très vite des conséquences quantitatives sur l'emploi, la croissance, le désendettement, et des conséquences structurantes sur le modèle de développement, la nature de la société, le bien-être des Français et leur confiance en l'avenir de la France.

Si le président et la majorité les mettaient en œuvre, ils pourraient perdre les élections à venir. Et alors ? De toute façon, en l'état, s'ils ne les mettent pas en œuvre, ils les ont déjà perdues. En menant une telle action, au moins laisseraient-ils une trace positive dans l'histoire du pays, qui leur pro-

fiterait sur long terme ; et leur œuvre serait poursui-
vie, j'en suis convaincu, par leurs successeurs, quels
qu'ils puissent être. Accessoirement, ils se donne-
raient la seule chance qui leur reste de remporter les
prochaines élections présidentielle et législatives.

Conclusion

Je sais que le plus plausible est qu'aucune des réformes que je propose ici ne soit mise en œuvre. Et que, si certaines d'entre elles le sont, ce sera de façon édulcorée, voire dérisoire.

J'espère au moins avoir convaincu mes lecteurs et ceux à qui ils voudront bien faire partager ces idées que les douze prochains mois vont être cruciaux pour la France.

Je n'ignore pas que le plus probable est que notre pays, gorgé de richesses, perclus de rentes, continuera, pour un temps, de décliner lentement, sans même vouloir en prendre conscience, sans bouleversements ni émeutes, ballotté d'élections locales en élections nationales, toutes perdues par les sortants.

Je pressens cependant que ce chemin d'agonie conduira au désespoir, et que le désespoir, en France, se termine mal.

Pour épargner à notre pays ce destin potentiellement tragique, j'en appelle au président de la République : il peut, s'il le veut, mobiliser le pays, lui offrir une vision, donner sens et rythme à l'effort de tous. Il peut faire prendre conscience à tous que le temps qui passe ne règle pas tous les problèmes, qu'un frémissement d'optimisme ne doit pas conduire à relâcher l'effort, qu'il faut trancher dans le vif, qu'il faut résister aux rentes et aux privilèges. Il peut faire admettre à son gouvernement que diriger un pays ne se borne pas à camper au barycentre de ses forces, même si c'est nécessaire pour préserver la paix sociale. Il lui appartient d'orchestrer le redressement en battant plus vite la mesure. Il doit pour cela ne penser qu'à sa place dans l'Histoire et oublier la perspective de sa réélection, ce qui serait d'ailleurs la seule chance pour lui de l'obtenir.

Je l'en crois tout à fait capable. Il a les qualités pour cela : la connaissance du pays, le sens de l'intérêt général, le professionnalisme, l'empathie.

Son action, si elle est nécessaire, ne sera pas suffisante. Chaque élu, où qu'il soit, chaque responsable, où qu'il soit, doit prendre conscience de ces urgences et accepter de les faire passer avant ses propres priorités. Avant ses propres privilèges. Chacun doit avoir le courage qu'il réclame des autres.

Chacun de nous, à sa place, doit aussi entendre ce message et se demander chaque soir : « Qu'ai-je fait aujourd'hui pour que les générations suivantes vivent mieux que moi ? » Et, chaque matin, « que vais-je faire aujourd'hui pour que les générations à venir connaissent un meilleur sort que le mien ? »

De cet exercice mental, examen de conscience citoyen auquel beaucoup se livrent déjà – par exemple, quand ils renoncent à certains plaisirs pour financer les études de leurs enfants – dépend l'avenir de ce pays. Ce n'est qu'en pensant au long terme qu'on résoudra les problèmes les plus immédiats. Et qu'on évitera qu'un jour, la réponse à cette question soit, pour chacun et pour tous : le mieux qu'il me reste à faire, c'est de quitter ce pays. Ou encore : la seule issue qui me reste, c'est de faire la révolution.

J'aime assez la France et je crois assez en elle pour penser qu'elle voudra choisir l'urgence du bonheur.

Remerciements

Merci à Laurine Moreau, Pierre Catuli, Florian Dautil, Florian Guyot, Jules Fournier, Nicolas Begin et Maurin Nadal qui ont bien voulu m'aider à vérifier les faits et les chiffres, à établir la bibliographie et à choisir les tableaux.

Merci à Julie Bonamy, Josseline de Clausade, Bernard Attali, Julien Durand, Pierre Heilbronn et Alain Quinet qui ont bien voulu relire ce manuscrit et me faire part de leurs commentaires.

Merci à Claude Durand et Sophie de Closets pour leur travail éditorial.

Il va sans dire que toute erreur, s'il s'en trouve, m'incombe.

Mes lecteurs peuvent m'écrire à j@attali.com

Tableau 1

Taux de chômage de l'ensemble de la population et taux de chômage des moins de 25 ans en 2012

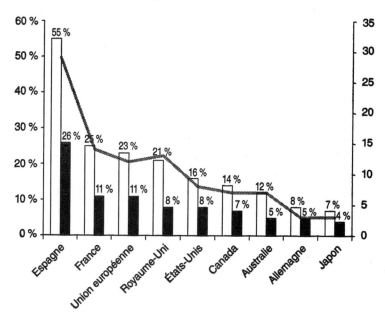

☐ Taux de chômage des jeunes

■ Taux de chômage

━━ Différence (en points de pourcentage)

Source : OCDE, 2012.

Tableau 2

Évolution du coût du travail

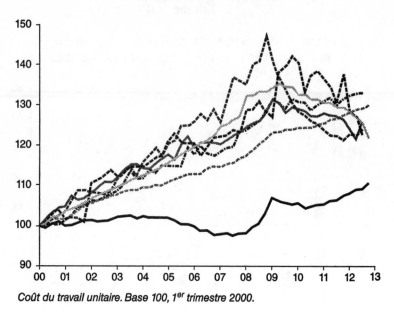

Coût du travail unitaire. Base 100, 1ᵉʳ trimestre 2000.

———	Allemagne
╌╌╌╌	France
▬▬▬▬	Irlande
▬·▬·▬	Italie
∞∞∞∞∞	Espagne
▬▬▬▬	Grèce
▬▬▬▬	Portugal

Source : Commission européenne.

Tableau 3

Chômage (mars 2013)

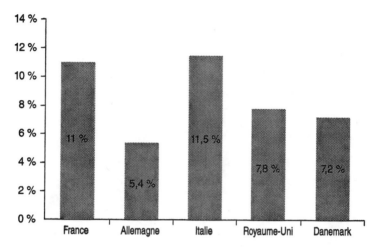

Source : AXA, Eurostat.

Tableau 4

Taux d'emploi (2012)

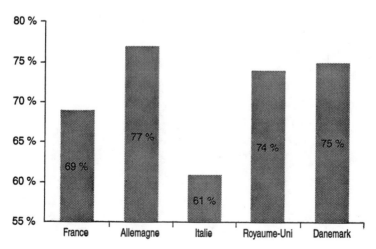

Source : AXA, Eurostat.

Tableau 5

Coût salarial horaire (2012)

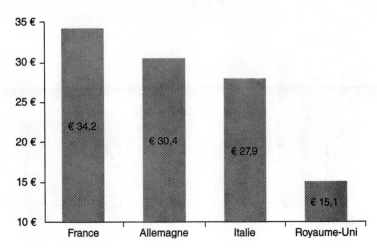

Source : AXA, Eurostat.

Tableau 6

Part des charges sur les salaires (2012)

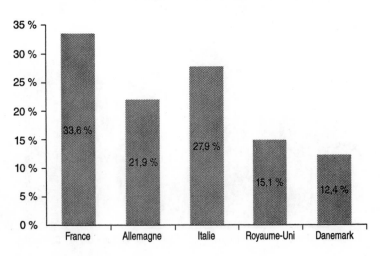

Source : AXA, Eurostat.

Tableau 7

Prélèvements obligatoires (% du PIB, 2011)

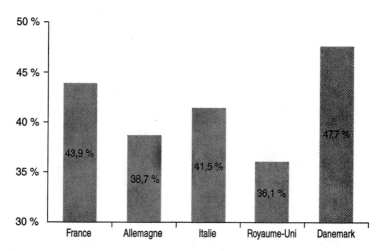

Source : AXA, Eurostat.

Tableau 8

Dépenses publiques (% du PIB, 2013)

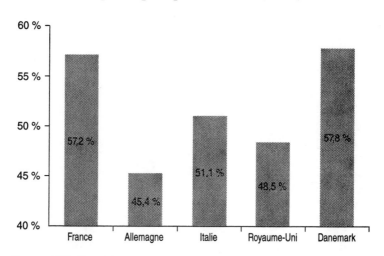

Source : AXA, Eurostat.

Tableau 9

Ratio de dépendance démographique, 2011

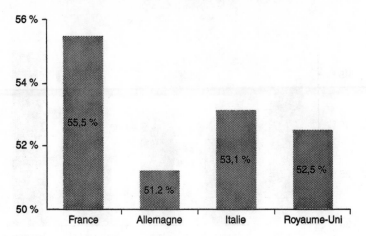

Ce ratio est le rapport du nombre d'individus supposés « dépendre » des autres pour leur vie quotidienne (personnes âgées de moins de 15 ans et celles âgées de plus de 65) et du nombre d'individus capables d'assumer cette charge (personnes âgées de 15 à 64 ans).

Source : AXA, Eurostat.

L'ÉCONOMIE FRANÇAISE

Tableau 10

L'emploi en France

	Part dans la population active	Proportion de femmes
Agriculteurs exploitants	2,0 %	30 %
Artisans, commerçants, chefs d'entreprise	6,5 %	30 %
Cadres et professions intellectuelles supérieures	17,6 %	42 %
Professions intermédiaires	24,4 %	53 %
Employés	28,3 %	78 %
Ouvriers, dont :	21,1 %	21 %
- Ouvriers qualifiés	13,8 %	13 %
- Ouvriers non qualifiés	7,3 %	37 %

Source : Hervé Le Bras, Emmanuel Todd, *Le Mystère français* (Seuil, 2013) et INSEE, 2011.

Tableau 11

Commerce extérieur de la France

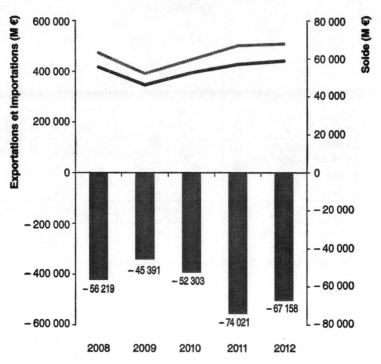

Source : Douanes.

Tableau 12

Évolution du solde extérieur par produits (milliards d'euros)

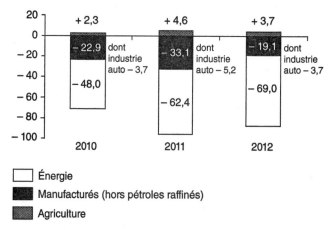

En 2012, le déficit énergétique est de 69 milliards d'euros, tandis que le solde agricole est excédentaire de 3,7 milliards.

Source : Douanes.

Tableau 13

Évolution de la productivité globale des facteurs (PGF) en France
(productivité horaire)

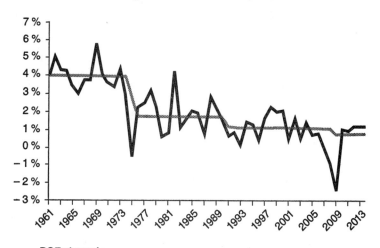

Source : DG Trésor.

Tableau 14

Innovation : position de la France
(base 100 : moyenne de l'Union européenne)

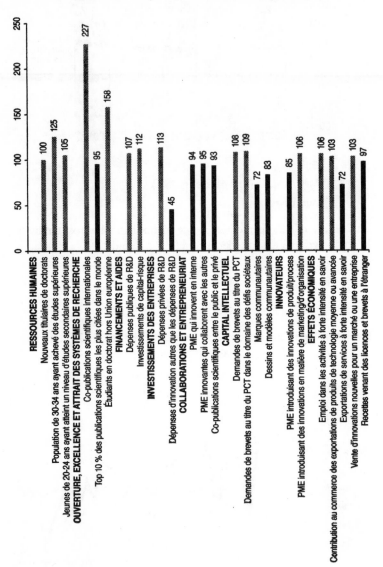

Source : Commission européenne

Tableau 15

Évolution de la dette publique française au sens de Maastricht

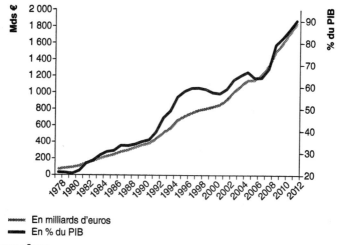

En milliards d'euros
En % du PIB

Source : Insee.

Tableau 16

La dette publique française (au sens de Maastricht) à la fin de l'année 2012 (en Mds €)

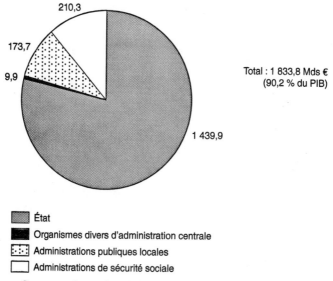

210,3

173,7

9,9

1 439,9

Total : 1 833,8 Mds €
(90,2 % du PIB)

État
Organismes divers d'administration centrale
Administrations publiques locales
Administrations de sécurité sociale

Source : Comptes nationaux base 2005 – Insee, DGFIP, Banque de France.

Tableau 17

Évolution de l'endettement des acteurs privés (1999-2012)

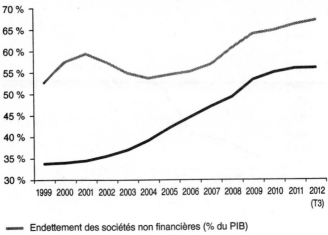

Endettement des sociétés non financières (% du PIB)
Endettement des ménages (% du PIB)

Source : Banque de France.

Tableau 18

Population française par groupe d'âge, 2015-2060

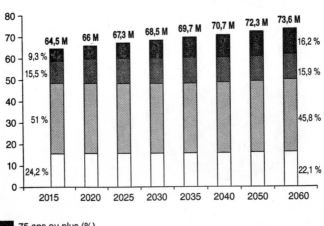

■ 75 ans ou plus (%)
■ 60 à 74 ans (%)
▨ 20 à 59 ans (%)
□ Moins de 20 ans (%)

Source . Insee

Tableau 19

Niveau de diplôme, en pourcentage de chaque groupe d'âge selon le recensement de 2009

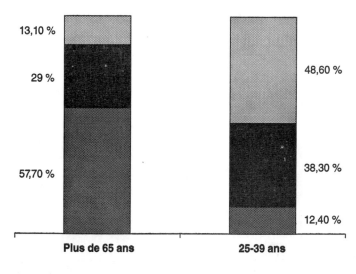

13,10 %

29 %

48,60 %

57,70 %

38,30 %

12,40 %

Plus de 65 ans   **25-39 ans**

☐ Bac en général et plus
■ BEPC, CAP, BEP, bac technologique
▨ Aucun diplôme et certificat d'études

Source : Hervé Le Bras, Emmanuel Todd, *Le Mystère français* (Seuil, 2013).

Tableau 20

Situation socioprofessionnelle des parents des élèves des Grandes Écoles et part des catégories socioprofessionnelles dans la population totale

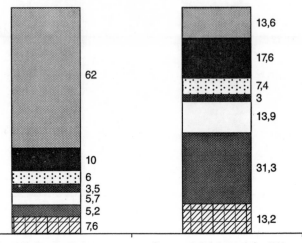

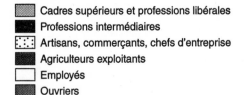

Cadres supérieurs et professions libérales
Professions intermédiaires
Artisans, commerçants, chefs d'entreprise
Agriculteurs exploitants
Employés
Ouvriers
Retraités, inactifs

Source : Graphique réalisé d'après les données de CGE 2005.

Bibliographie

AGHION Philippe, ARTUS Patrick, CAHUC Pierre, CAR-CILLO Stéphane, HAIRAULT Jean-Olivier, KRAMARZ Francis, PASQUIER Romain, SUCHAUT Bruno, WAS-MER Étienne, ZYLBERBERG André, « Manifeste des économistes pour une France qui gagne », *Challenges* n° 344, 9 mai 2013.

ALGAN Yann, CAHUC Pierre, *La Société de défiance*, Paris, Éditions Rue d'Ulm, 2007.

ARTUS Patrick, « Pourquoi et comment réformer l'État ? », *La Revue parlementaire*, n° 881, juillet 2005.

ATTALI Jacques, *Une brève histoire de l'avenir*, Paris, Fayard, 2006.

BILGER Philippe, *La France en miettes*, Paris, Fayard, 2013.

BOISSY D'ANGLAS François-Antoine, *Essai sur la vie. Les écrits et les opinions de M. de Malesherbes*, Paris, Treuttel et Würtz, 1819.

BOURGEOIS Isabelle, « Années Schröder : les "recentrages" successifs de la politique économique et sociale », *Regards sur l'économie allemande*, n° 73, octobre 2005.

BOURGUEIL Yann, MAREK Anna, MOUSQUES Julien, « Médecine de groupe en soins primaires dans six pays européens, en Ontario et au Québec : quels enseignements pour la France ? », *Questions d'économie de la santé*, n° 127, novembre 2007.

BRAUDEL Fernand, *Civilisation matérielle, économie et capitalisme, XVᵉ-XVIIIᵉ siècle*, Paris, Armand Colin, 1967.

BUONANNO Paolo, DRAGO Francesco, GALBIATI
Roberto, ZANELLA Giulio, *Crime in Europe and in the
US : Dissecting the "Reversal of Misfortunes"*, 2010.

CASELLI Graziella, VALLIN Jacques, WUNSC Guillaume,
Démographie : analyse et synthèse, volume V : *Histoire du
peuplement et prévisions,* Institut national d'études démographiques, 2004.

CHAUVEL Louis, *Le Destin des générations : structure
sociale et cohortes en France du XXᵉ siècle aux années 2010,*
Paris, PUF, 2010.

CLAIRIS C., COSTAOUEC D., COYOS J.-B., JEANNOT-
FOURCAUD B., *Langues et cultures régionales de France,
dix ans après : cadre légal, politiques, médias,* actes du col-
loque, 3 et 4 décembre 2009, Sorbonne, université Des-
cartes, Paris, L'Harmattan, 2011.

CONRADT David P., KLEINFELD Gerald R., SRE Chris-
tian, *Power Shift in Germany : The 1998 Election and the
End of the Kohl Era,* Oxford, New York, Berghahn
Books, 2000.

COOL Karel, PHILIPPE Quentin, « Why Europe Needs
Shale Gas », *Forbes,* 2013.

DARVAS Zsolt, PISANI-FERRY Jean, WOLFF Guntram
B., « Europe's Growth Problem (and what to do about
it) », *Bruegel Policy Brief,* 2013.

DELAHAYE Jean-Paul, « Le Collège unique, miroir gros-
sissant des difficultés de gouverner l'éducation », *Pouvoirs,* n° 122, septembre 2007, Paris, Seuil.

FACK Gabrielle, « Pourquoi les ménages à bas revenus
paient-ils des loyers de plus en plus élevés ? », *Économie
et statistique,* n° 381-382, 2005.

FACK Gabrielle, LANDAIS Camille, « Les incitations fiscales aux dons sont-elles efficaces ? », *Économie et statistique,* n° 427-428, 2009.

FONTAGNÉ Lionel, « Faut-il avoir peur des délocalisations ? », *En Temps Réel,* Cahier 21, avril 2005.

FRANÇOIS Ingrid, NÄGELEIN Bernhard, *La Délocalisation des fonctions de recherche et développement dans*

l'industrie automobile : possibilité et pertinence d'une réponse franco-allemande, Ifri, 2011.

GILLES Philippe, *Histoire des crises et des cycles économiques : des crises industrielles du 19ᵉ siècle aux crises financières du 20ᵉ siècle*, Paris, Armand Colin, 2004.

HERMANDINQUER Jean-Jacques, « Les conséquences de la révocation de l'édit de Nantes : une révision », *Annales. Économies, Sociétés, Civilisations*, 1961.

JAMET Jean-François, PICCINO Xavier, *Peut-on réformer vraiment les professions réglementées ?*, 2009.

KIMMEL Adolf, « Le chancelier Schröder, l'agenda 2010 et la crise du SPD », *Pouvoirs*, n° 112, 2005/1, p. 155-166, Paris, Seuil.

LACORNE Denis, JUDT Tony, *La Politique de Babel : du monolinguisme d'État au plurilinguisme des peuples*, Paris, Karthala, 2002.

LASSERRE René, « Le redressement économique de l'Allemagne », *Politique étrangère*, 2007/4, p. 803-815.

LE BRAS Gabriel, « Notes de statistique et d'histoire religieuses », *Revue d'histoire de l'Église de France*, t. 19, n° 85, 1933.

LE BRAS Hervé, TODD Emmanuel, *Le Mystère français*, Paris, Seuil, coll. « La République des idées », 2013.

LECHEVALIER Arnaud, « Un modèle qui ne fait guère envie », *Alternatives économiques*, n° 300, 3/2011, p. 10.

LEGRAND André, « Comment réformer le Mammouth », *Pouvoirs,* n° 122, septembre 2007, Paris, Seuil.

LEJEUNE Dominique, *La France des débuts de la IIIᵉ République. 1870-1896*, Paris, Armand Colin, 4ᵉ édition, 2007.

MONTEAVARO Miguel Angel Serrano, « El Nuevo México de Peña Nieto », Instituto Español de Estudios Estratégicos, 20 mars 2013.

MONTERO Muriel, RUHLMANN Jean, *La France de 1914 à 1945*, Paris, Armand Colin, 2001.

PEUGNY Camille, *Le Destin au berceau*, Paris, Seuil, coll. « République des idées », 2013.

PEUGNY Camille, *Le Déclassement,* Paris, Grasset, coll. « Mondes vécus », 2009.

POTON Pierre, « Vauban et la révocation de l'édit de Nantes », *L'actualité Poitou-Charentes*, n° 77, 2007.

PROST Antoine, « Réformes possibles et impossibles », conférence à la septième Biennale de l'éducation, Sorbonne, avril 2000.

RIVIALE Philippe, *Sur la Commune. Cerises de sang*, Paris, L'Harmattan, 2003.

RUAULT Nicolas, *Gazette d'un Parisien sous la Révolution. Lettres à son frère, 1783-1796*, texte établi et annoté par Anne Vassal et Christiane Rimbaud, Paris, Perrin, 1976.

RURUP Bert, « *L'Agenda 2010*, un modèle pour la France ? », *Regards sur l'économie allemande*, 2012.

SAUNIER-SEÏTÉ Alice, *Le Comte Boissy d'Anglas, conventionnel et pair de France*, Paris, France Univers, 2001.

SEAL Paul, « "El petróleo es nuestro" : The Distribution of Oil Revenues in Mexico », James A. Baker III Institute for Public Policy, Rice University and Oxford University, avril 2011.

SIRINELLI Jean-François, *La France de 1914 à nos jours*, Paris, PUF, 1993.

RODRIGUES Maria João, *Mapping Future Scenarios for the Eurozone*, Friedrich Ebert Stiftung, juin 2012.

THÉLOT Claude, *L'Évaluation du système éducatif*, Paris, Nathan, 1993.

THOMAS Édith, « Commune de Paris », *Encyclopaedia Universalis*.

TRITAH Ahmed, « Fuite des cerveaux européens : que nous disent les statistiques américaines ? », *La Lettre* du CEPII, n° 278, mai 2008.

VERDIER-MOLINIÉ Agnès, *60 milliards d'économies !*, Paris, Albin Michel, 2013.

VILLANI Cédric, *Théorème vivant*, Paris, Grasset, 2012.

WALLACH Daniel, *Numerus Clausus : pourquoi la France va manquer de médecins*, Springer, 2011.

Documents

AIE, World Energy Outlook, 2012.

Amnesty International, *Traité sur le commerce des armes : faits et chiffres*, 2013.

AMOSSE Thomas, PIGNONI Maria-Teresa, *La Transformation du paysage syndical depuis 1945*, ministère de l'Emploi, de la Cohésion sociale et du Logement, 2006.

ARCEP, *Bilan au 1ᵉʳ juillet 2012 de la couverture et de la qualité de service des quatre opérateurs mobiles métropolitains*, 30 novembre 2012.

ARTUS Patrick, *Flash économique n° 213*, NATIXIS, mars 2013.

ARTUS Patrick, *Flash économique n° 908*, NATIXIS, décembre 2011.

Banques alimentaires, rapport annuel 2011.

Banque mondiale, *Doing Business 2013. Smarter Regulations for Small and Medium-Size Enterprises*, 10ᵉ édition.

BOURDIN Joël, *L'Économie française et les finances publiques à l'horizon 2030 : un exercice de prospective*, Rapport d'information du Sénat n° 335 (2009-2010), 2010.

British Petroleum, *2012 Statistical Review*.

British Petroleum, *Energy Outlook 2030*.

CAMDESSUS Michel, GUILLABERT Étienne, MALRIEU Françoise, MERIEUX Antoine, « Contrôle des rémunérations des professionnels de marché », Rapport à Madame le ministre de l'Économie, des Finances et de l'Industrie, janvier 2011.

CARREZ Gilles, rapport d'information n° 2689, commission des finances de l'économie générale et du contrôle budgétaire, Assemblée nationale, 2010.

CHAMPSAUR Paul, COTIS Jean-Philippe, rapport sur la situation des finances publiques, avril 2010.

CHATILLON Alain, *Réindustrialisons nos territoires*, rapport d'information du Sénat n° 403, 2011.

Centre d'analyse stratégique, « L'État et les agences : limitation ou extension de la puissance publique ? », note de veille n° 88, janvier 2008.

Centre d'analyse stratégique, « L'externalisation des services publics : un moyen efficace pour réduire les dépenses de fonctionnement ? », note de veille n° 148, juillet 2009.

Centre d'analyse stratégique, *France 2030 : cinq scénarios de croissance*, 2011.

Centre d'analyse stratégique, *Quelle organisation pour le soutien scolaire ?*, 2013.

Céreq, *Quand l'école est finie : premiers pas dans la vie active d'une génération*, 2010.

CISCO System, *Cisco Visual Networking Index: Global Mobile Data Traffic Forecast Update, 2012–2017*, février 2013.

COE-Rexecode, *Mettre un terme à la divergence de compétitivité entre la France et l'Allemagne*, janvier 2011.

Conférence des grandes écoles, *Origine sociale des élèves : ce qu'il en est exactement*, 2005.

Conférence des grandes écoles, résultats de l'enquête *Insertion des jeunes diplômés*, 2012.

Conseil d'État, étude annuelle 2012 : « Les agences : une nouvelle gestion publique ? ».

Conseil d'orientation des retraites, *Retraites : un état des lieux du système français*, Douzième rapport, 22 janvier 2013.

Conseil d'orientation des retraites, *Retraites : perspectives 2020, 2040, 2060*, Onzième rapport, 19 décembre 2012.

Conseil économique, social et environnemental, *L'Emploi des jeunes*, 26 septembre 2012.

Conseil national de l'ordre des médecins, *La Démographie médicale en France*, conférence de presse, 2012.

Commission des comptes de la Sécurité sociale, rapport Régime général, septembre 2006.

Commission européenne, *Innovation Union Scoreboard 2013*.

Commission pour la libération de la croissance française, *300 décisions pour changer la France*, Paris, La Documentation française/ XO, 2008.

Commission pour la libération de la croissance française, *Une ambition pour 10 ans*, Paris, La Documentation française/ XO, 2010.

COTIS Jean-Philippe, *Partage de la valeur ajoutée, partage des profits et écarts de rémunérations en France*, INSEE, 2009.

Cour des comptes, *L'Éducation nationale face à l'objectif de la réussite de tous les élèves*, 2010.

Cour des comptes, *Le Financement et le pilotage des investissements liés au très haut débit*, 18 avril 2013.

Cour des Comptes, *Le Marché du travail : face à un chômage élevé, mieux cibler les politiques*, janvier 2013.

Cour des comptes, rapport public annuel 2013.

Cour des comptes, rapport public annuel 2012.

Cour des comptes, rapport public annuel 2011.

CROUZEL Cécile, « Niches fiscales : les gagnants et les perdants », *Le Figaro*, 21 septembre 2012.

DADUSH Uri, « Who Says the Euro Crisis Is Over? », *The Wall Street Journal*, 31 janvier 2013.

Publications Dares, *Emploi et chômage des 15-29 ans en 2011*, décembre 2012.

Deloitte/Harris Interactive, Baromètre Santé 2013 (http://www.deloitte-france.fr/publications/20130403Etude-Sante.pdf).

DEO Stéphane, DONOVAN Paul, HATHEWAY Larry, *Global Economic Perspectives*, UBS, 2011.

DEVINEAU Julie *et al.*, « États-Unis du Mexique – Bilans annuels de 1981 à 2013 », *L'état du monde*, Paris, La Découverte, 2013.

DIOUF Abdou, « Abdou Diouf évoque la langue de Voltaire et l'avenir de l'Afrique », entretien donné à la revue *Globalbrief*, 14 juin 2010.

Direction générale des douanes et des droits indirects, *Historique de la balance commerciale de la France*, février 2013.

Direction Générale du Trésor, *Comparaison France-Allemagne des systèmes de protection sociale*, août 2012.

DREES, « Les comptes nationaux de la santé en 2011 », *Études et résultats n° 809*, septembre 2012.

DREES, *L'Offre d'accueil des enfants de moins de trois ans en 2010*, 2012.

DUPAYS Stéphanie, *En un quart de siècle la mobilité sociale a peu évolué*, Insee, Données sociales. La société française, 2006.

Document de travail du ministère de l'Intérieur, cité par *Les Échos*, 25 mars 2013.

European Foundation for the Improvement of Living and Working Conditions, *NEETs, Young people not in employment, education or training : Characteristics, costs and policy responses in Europe*, octobre 2012.

FMI, *World Economic Outlook*, avril 2004.

Fondation Abbé-Pierre, rapport 2013 sur l'état du mal-logement en France.

Fondation Bertelsmann, *Policy Brief 2012/06, Future Social Market Economy*, 2012.

Fondation Concorde, *Produire en France : un enjeu national pour la croissance, l'emploi et le pouvoir d'achat*, 2011.

Food and Agriculture Organization, *La Situation mondiale des pêches et de l'aquaculture*, 2012.

FORSE Michel, PARODI Maxime, « La perception des inégalités en France depuis dix ans », *Revue de l'OFCE*, juillet 2011.

FORTUNE, *Global 500 – The World's Biggest Companies – CNN Money*, 2012.

GALLUP Consulting Group, *Optimism*, 2012.

GILLOT Dominique, Projet de loi n° 348 relative à l'attractivité universitaire de la France, février 2013.

GILLOT Dominique, Rapport pour avis n° 152, tome 5, fait au nom de la commission de la culture, de l'éducation et de la communication, 2013.

GRASS Étienne, LALANDE Françoise, « Enquête sur le dispositif de recyclage des médicaments Cyclamed », Inspection générale des affaires sociales, rapport n° 2005 001, janvier 2005.

Groupe d'experts intergouvernemental sur l'évolution du climat, rapport 2007.

Haut Conseil de la Santé publique, *La Santé en France et en Europe : convergences et contrastes*, mars 2012.

Haut Conseil de l'Éducation, « L'école primaire », *Bilan des résultats de l'École*, 2007.

HEINRICH Michel, JUANICO Régis, *L'Évaluation de la performance des politiques sociales en Europe*, rapport d'information n° 4098 (2010-2011), Assemblée nationale, 2011.

HEYER Éric, PLANE Mathieu, TIMBEAU Xavier, « Évaluation du projet économique du quinquennat 2012-2017 », OFCE, *Les Notes*, n° 23, 26 juillet 2012.

HEYER Éric, PLANE Mathieu, TIMBEAU Xavier, « Quelle dette publique à l'horizon 2030 en France ? », *Revue de l'OFCE*, janvier 2010.

IFOP pour ecorpStim, *Les Français et le gaz de schiste*, 2012.

IGPDE, Histoire économique et gestion publique comparée, *Canada : de la « révision des programmes » à l'« examen stratégique », 30 ans de rationalisation des dépenses publiques*, 2011.

INSEE, *Dette trimestrielle de Maastricht des administrations publiques – 4ᵉ trimestre de 2012*, 29 mars 2013.

INSEE, *L'Implantation des groupes français à l'étranger*, 2009.

INSEE, *Les Pratiques culturelles : le rôle des habitudes prises dans l'enfance*, 2003.

INSEE, *Emploi et salaires*, édition 2013.

INSEE, *Les Revenus et le patrimoine des ménages*, édition 2013.

INSEE, « Les groupes français à l'étranger », *Insee Première*, n° 1439, mars 2013.

Inspection générale de l'éducation nationale, *Observation et évaluation des dispositifs d'aide individualisée et d'accompagnement à l'école, au collège et au lycée*, 2010.

Inspection générale des finances, rapport n° 2010-M-098-02, *Étude des stratégies de réforme de l'État*, 2011.

Institut des hautes études scientifiques, *Les Savoirs fondamentaux au service de l'avenir scientifique et technique*, 2004.

Institut Montaigne, *Le Scénario catastrophe du retour au franc*, 2011.

Institut Montaigne, *Partis pour de bon ? Gone for good ? Les expatriés de l'enseignement supérieur français aux États-Unis*, 2010.

International Labour Organization, *World of Work Report, Better Jobs for a Better Economy,* 2012.

IPSOS et CGI Business Consulting, *France 2013 : les nouvelles fractures,* 2013.

JEANNEROT Claude, Projet de loi portant création des emplois d'avenir, rapport du Sénat n° 768 (2011-2012), 2012.

Journal officiel de la Commune de Paris du 20 mars au 24 mai 1871 (http://classiques.uqac.ca/classiques/commune_de_paris/Journal_officiel_Commune_de_Paris/Journal_officiel_Commune_de_Paris.html).

JUBIN Benoît, LIGNERES Pascal, « La nouvelle guerre pour les cerveaux », mémoire d'ingénieurs élèves, École Nationale des Mines de Paris, 2007.

LAMBERT Alain, BOULARD Jean-Claude, rapport de la mission de lutte contre l'inflation normative, 26 mars 2013.

LEMOINE Mathilde, *De la véritable nature de la crise : l'urgence du débat,* L'AGEFI Hebdo, avril 2013.

L'État de l'Enseignement supérieur et de la Recherche en France, n° 4, décembre 2010.

LE ROUX Julien, *La Détention par les non-résidents des actions des sociétés françaises du CAC 40 à fin 2011,* Bulletin de la Banque de France, n° 189, troisième trimestre 2012.

LE SCOUARNEC Noël, MARTIN Ludovic, *Effets du changement climatique sur le tourisme,* Le tourisme en France, 2008.

MACHECOURT Agathe, « Le Premier ministre libéral Donald Tusk reconduit en Pologne », *La Tribune,* 10 octobre 2011.

MAIF, *Le Système éducatif : grandes réformes et réajustements,* 2008.

Maison des Français de l'Étranger, Enquête sur l'expatriation des Français en 2010, 2010.

MELOT Ludovic, *Les Services aux entreprises à forte valeur ajoutée : monter en gamme ou délocaliser,* XERFI Études, 2011.

Mines ParisTech, *Classement international professionnel des établissements d'enseignement supérieur*, 2011.

Ministère de l'Éducation Nationale, *Compréhension de l'écrit en fin d'école : évolution de 2003 à 2009*, 2011.

Ministère de l'Éducation Nationale, *Lire, écrire, compter : les performances des élèves de CM2 à vingt ans d'intervalle 1987-2007*, 2008.

Ministère de la Culture et de la Communication, Direction générale des médias et des industries culturelles, « Presse écrite 2011 – Enquête rapide ».

Ministère des Affaires étrangères, Direction des Français à l'étranger et de l'administration consulaire.

Morgan Stanley, *2013 Outlook : Stuck in the Twilight Zone*, 2012.

National Intelligence Council, *Tendances globales 2030 : des mondes alternatifs*, 2012.

NATIXIS, « Convergences ou divergences des systèmes bancaires européens ? », Document de travail, janvier 2013.

Observatoire européen de la fiscalité des entreprises, *Baromètre de l'OEFE*, 2011.

Observatoire français des drogues et des toxicomanies, « Drogues, chiffres clés », 4e édition, janvier 2012.

Observatoire national de la petite enfance, *L'Accueil du jeune enfant : données statistiques en 2011*, 2012.

OCDE, *Montée du chômage des jeunes dans la crise : comment éviter un impact négatif à long terme sur toute une génération*, septembre 2009.

OCDE, *Regards sur l'éducation : les indicateurs de l'OCDE*, 2012.

OCDE, *Études économiques de l'OCDE : Allemagne*, 2010.

OCDE, *Études économique de l'OCDE : France 2013*, mars 2013.

OCDE, *Études économiques de l'OCDE : Pologne*, volume 2008/10, juin 2008.

OCDE, « France, Promouvoir la croissance et la cohésion sociale », juin 2012.

Office des Nations Unies contre la drogue et le crime, *World Drug Report 2012.*

OMS/DREES, Enquête santé mentale en population générale (SMPG), 2007.

Opinionway pour l'APEL, *Heureux à l'école, une idée folle ? Inventons l'école de demain*, mai 2012.

PERCEBOIS Jacques, MANDIL Claude, rapport *Énergies 2050 : les différents scénarios de politique énergétique pour la France*, octobre 2011.

PricewaterhouseCoopers, *Talent mobility : 2020 and beyond*, 2013.

Projet de loi de finances pour 2010, 2009.

Projet de loi de finances pour 2013, annexe, rapport sur l'état de la fonction publique et les rémunérations, 2012.

QUILLET Lucile, « Un étudiant étranger sur trois reste en France », *Le Figaro*, 30 novembre 2012.

SAUGEY Bernard, PEYRONNET Jean-Claude, COINTAT Christian, ARNAUD Philippe, ALFONSI Nicolas, Bernard FRIMAT, *La Réforme de l'État au Canada – L'avenir de Saint-Pierre-et-Miquelon*, rapport d'information du Sénat n° 152, 2006.

Rapport du groupe « Experts numériques », autour du député Frank Riester, *L'Amélioration de la relation numérique à l'usager*, septembre 2011.

Rapport de l'Observatoire national de la délinquance et des réponses pénales, *La Criminalité en France*, 2012.

Rapport de l'Observatoire national des zones urbaines sensibles, 2012.

Rapport de la Commission pour la libération de la croissance française, Jacques Attali (dir.), 2008.

Rapport de la Commission pour la libération de la croissance française, Jacques Attali (dir.), 2010.

Rapport de Louis Gallois, *Pacte pour la compétitivité de l'industrie française*, 2012.

Rapport du Comité pour la réforme des collectivités locales, mars 2009.

Rapport du Conseil économique, social et environnemental, *La Dette : un pont entre passé et avenir*, 2012.

Rapport du gouvernement sur la pauvreté en France, décembre 2012.

RENAN Ernest, *Qu'est-ce qu'une nation ?*, conférence donnée à la Sorbonne le 11 mars 1882.

Reporters sans frontières, *Classement mondial de la liberté de la presse*, 2013.

Reuters, *Fitch revises Poland's ratings outlook to positive*, 21 février 2013.

REY-LEFEBVRE Isabelle, « Campus France fait fuir les étudiants étrangers qu'elle est censée attirer », *Le Monde*, 16 novembre 2012.

SCHWAB Klaus, *The Global Competitiveness Report 2012-2013*, Forum économique mondial, 2013.

Secrétariat général de la francophonie, rapport 2010-2012 du secrétaire général, 2012.

Secrétariat général du gouvernement, « Lois et règlements en vigueur – approche statistique », janvier 2011.

SEELKE Clare Ribando, « Mexico and the 112th Congress », CRS Report for Congress, 29 janvier 2013.

SEELKE Clare Ribando, « Mexico's New Administration : Priorities and Key Issues in U.S.-Mexican relations », CRS Report for Congress, 16 janvier 2013.

Seizième rapport sur la situation démographique de la France, *Population*, 42e année, n° 4-5, 1987.

Service de l'observation et des statistiques du ministère de l'Écologie, du Développement durable et de l'Énergie, *Chiffres clés du climat France et Monde*, édition 2013.

Swiss Re, « Les catastrophes naturelles et techniques en 2012 : une année d'événements météorologiques extrêmes aux États-Unis », *Sigma*, n° 2/2013, février 2013.

SYROTA Jean (dir.), *rapport de la commission Énergie, Perspectives énergétiques de la France à l'horizon 2020-2050*, 2007.

The Economist, « Poland's politics : Looking nice but doing nothing », 19 juin 2008.

The Economist Intelligence Unit, *Democracy Index 2012*.

Thomson Reuters, Innovation Awards 2011.

TORRE Henri, *La Défiscalisation des usines de traitement du nickel en Nouvelle-Calédonie*, rapport d'information n° 7 (2005-2006), 2005.

Université de Shanghai, *Classement des universités*, 2012.

VILLECHENON Anna, « La recette anti-crise de l'économie polonaise », *Le Monde*, 22 janvier 2013.

WEISZ Jean-Daniel *et al.*, « République fédérale d'Allemagne – Bilans annuels de 1981 à 2013 », *L'État du monde*, Paris, La Découverte, 2013.

Sites Internet

http://www.cge.asso.fr/
http://www.ciep.fr/
http://www.ecosante.fr
http://www.ifrap.org/
http://www.paris.notaires.fr/
http://www.eleves.ens.fr/
http://www.thecanadianencyclopedia.com/
http://www.sipri.org/yearbook/2012/02
http://www.croix-rouge.fr/
http://www.fondation-abbe-pierre.fr/
http://www.restosducoeur.org/
http://www.secourspopulaire.fr/
http://www.touteleurope.eu/fr/
http://www.visionofhumanity.org/gpi-data/
http://www.anlci.gouv.fr/Illettrisme/
http://timss.bc.edu/
http://www.timeshighereducation.co.uk
http://www.qs.com/ranking.html
http://internationalliving.com/world-rankings
http://www.xerfi.fr/xerficanal/PDF/Examen-de-passage-pour-les-banques-allemandes_Parole-d-Expert_Jean-baptiste-bellon.pdf
http://www.oecd.org/fr/economie/renforcerlesbanques-delazoneeuro.htm

http://www.oecd.org/fr/pologne/etudeeconomiquedelapolo
gne2012.htm http://www.diplomatie.gouv.fr/fr/dossiers-
pays/pologne/presentation-de-la-pologne/#sommaire_3
http://www.worldbank.org/en/news/feature/2012/10/23/
poland-a-top-performer-in-doing-business
http://www.oecd.org/fr/eco/croissance/pologne.pdf
http://www.usinenouvelle.com/article/relocalisation-en-france-
reussie-pour-les-skis-rossignol.n189366
http://www.challenges.fr/entreprise/20120131.CHA9795/psa-
produit-en-france-trois-fois-plus-de-voitures-que-renault-
en-france.html
http://www.presidencia.gob.mx/decisiones-presidenciales-
anunciadas-el-1o-de-diciembre/
http://ensenapormexico.org/site/mexico-hoy/
http://www.bloomberg.com/
http://www.banquemondiale.org/fr/news/press-release/2012/
11/18/new-report-examines-risks-of-degree-hotter-world-
by-end-of-century
http://www.un.org/fr/climatechange/
http://www.coface.fr/
http://www.thecanadianencyclopedia.com/
http://lexpansion.lexpress.fr/carriere/leur-carriere-commence-
ailleurs_289992.html
http://www.csa-fr.com/multimedia/data/sondages/data2013/
opi1201913-Les-Fran%C3%A7ais-et-la-solidarite-pour-
CSA-l-UNIOPSS-et-la-MACIF.pdf
http://www.lefigaro.fr/
http://www.agreste.agriculture.gouv.fr/
http://www.weforum.org/
http://www.justice.gouv.fr/
http://www.interieur.gouv.fr/
http://www.economie.gouv.fr/
https://www.riksgalden.se/en/
http://elpais.com/

Bases de données

Bank for International Settlements, Consolidated banking
    statistics
Banque mondiale
CIA, The World Factbook
Coface
Dares
Destatis
Economic Indicators, The Conference Board 2012
Eurobarometer
Eurofound
European Social Survey
Eurostat
FMI, World Economic Outlook Database
Insee
Ministère de l'Education Nationale, statistiques
Moody's
Numbeo
OCDE
OCDE, *Better Life Index*
OFCE
Office Européen des Brevets
OICA
OMS
ONU
Thomson Reuters
Trendeo
Ubifrance
Unesco

Table des matières

DU MÊME AUTEUR

Essais

Analyse économique de la vie politique, PUF, 1973.
Modèles politiques, PUF, 1974.
L'Anti-économique (avec Marc Guillaume), PUF, 1975.
La Parole et l'Outil, PUF, 1976.
Bruits. Économie politique de la musique, PUF, 1977, nouvelle édition, Fayard, 2000.
La Nouvelle Économie française, Flammarion, 1978.
L'Ordre cannibale. Histoire de la médecine, Grasset, 1979.
Les Trois Mondes, Fayard, 1981.
Histoires du Temps, Fayard, 1982.
La Figure de Fraser, Fayard, 1984.
Au propre et au figuré. Histoire de la propriété, Fayard, 1988.
Lignes d'horizon, Fayard, 1990.
1492, Fayard, 1991.
Économie de l'Apocalypse, Fayard, 1994.
Chemins de sagesse : traité du labyrinthe, Fayard, 1996.
Fraternités, Fayard, 1999.
La Voie humaine, Fayard, 2000.
Les Juifs, le Monde et l'Argent, Fayard, 2002.
L'Homme nomade, Fayard, 2003.
Une brève histoire de l'avenir, Fayard, 2006 (nouvelle édition, 2009).
La Crise, et après ?, Fayard, 2008.
Le Sens des choses, avec Stéphanie Bonvicini et 32 auteurs, Robert Laffont, 2009.
Survivre aux crises, Fayard, 2009.
Tous ruinés dans dix ans ? Dette publique : la dernière chance, Fayard, 2010.
Demain, qui gouvernera le monde ?, Fayard, 2011.
Candidats, répondez !, Fayard, 2012.
La Consolation, avec Stéphanie Bonvicini et 18 auteurs, Naïve, 2012.

Dictionnaires

Dictionnaire du XXIᵉ siècle, Fayard, 1998.
Dictionnaire amoureux du judaïsme, Plon/Fayard, 2009.

Romans

La Vie éternelle, Fayard, 1989.
Le Premier Jour après moi, Fayard, 1990.
Il viendra, Fayard, 1994.
Au-delà de nulle part, Fayard, 1997.

La Femme du menteur, Fayard, 1999.
Nouv'elles, Fayard, 2002.
La Confrérie des Éveillés, Fayard, 2004.

Biographies
Siegmund Warburg, un homme d'influence, Fayard, 1985.
Blaise Pascal ou le Génie français, Fayard, 2000.
Foi et Raison – Averroès, Maïmonide, Thomas d'Aquin, Bibliothèque
  nationale de France, 2004.
Karl Marx ou l'Esprit du monde, Fayard, 2005.
Gândhî ou l'Éveil des humiliés, Fayard, 2007.
Phares. 24 destins, Fayard, 2010.
Diderot ou le bonheur de penser, Fayard, 2012.

Théâtre
Les Portes du Ciel, Fayard, 1999.
Du cristal à la fumée, Fayard, 2008.

Contes pour enfants
Manuel, l'enfant-rêve (ill. par Philippe Druillet), Stock, 1995.

Mémoires
Verbatim I, Fayard, 1993.
Europe(s), Fayard, 1994.
Verbatim II, Fayard, 1995.
Verbatim III, Fayard, 1995.
C'était François Mitterrand, Fayard, 2005.

Rapports
Pour un modèle européen d'enseignement supérieur, Stock, 1998.
L'Avenir du travail, Fayard/Institut Manpower, 2007.
300 décisions pour changer la France, rapport de la Commission pour
  la libération de la croissance française, XO/La Documentation
  française, 2008.
Paris et la Mer. La Seine est Capitale, Fayard, 2010.
Une ambition pour 10 ans, rapport de la Commission pour la
  libération de la croissance française, XO/La Documentation
  française, 2010.

Beaux-livres
Mémoire de sabliers, collections, mode d'emploi, Éditions de l'Amateur,
  1997.
Amours. Histoires des relations entre les hommes et les femmes, avec
  Stéphanie Bonvicini, Fayard, 2007.

Photocomposition Nord Compo
Villeneuve-d'Ascq

Impression réalisée par
CPI BRODARD ET TAUPIN
La Flèche

pour le compte des Éditions Fayard
en juin 2013

Imprimé en France
Dépôt légal : juin 2013
N° d'impression : 3001154
36-57-4418-4/03